MANUAL

DEL

VOTANTE
NEOLIBERAL

y

LIBELOS ANTIFASCISTAS

EL GARAJE EDICIONES S.L.
C/ Cacereños 54, local 4. 28021 Madrid
Tlfs: 917986911 / 600241668
info@elgarajeediciones.com
www.elgarajeediciones.com

ISBN: 978-84-129036-1-4
Depósito Legal: M-24430-2024
Imprime: SAFEKAT
Printed in Spain

Manual
DEL
VOTANTE
NEOLIBERAL
y
LIBELOS ANTIFASCISTAS

de Joaquín Yver Jaramillo

Confesiones, relatos y escenas

GARAJE

A mi casero

ÍNDICE

ADVERTENCIA

Los textos que aquí se presentan son el reflejo en papel de la frenética actividad del autor en redes sociales entre los años 2020 y 2024 y en su defensa diremos que nunca pretendieron ser publicados. De carácter marcadamente breve son, en términos generales, una respuesta más visceral que cavilada a ciertos aconteceres políticos y económicos del mundo que nos ha tocado vivir.

En la primera parte de este manual se recogen los textos centrados en la figura del votante neoliberal, esa parte de la población que, sin ser coaccionada por métodos violentos, libremente vota a partidos que defienden el modelo neoliberal como sistema económico/forma de gobierno que, si es necesario por métodos violentos, busca constantemente perpetuarse. El viaje discurre por las visicitudes de las relaciones digitales, humildes finanzas, posibles entornos futuros y notas de pandemia. La connivencia del neoliberalismo y los medios asociados para con el auge fascista son abordados en textos vehementes y panfletarios. Inocentes distopías e irónicos diálogos ocupan los últimos capítulos de este manual.

Se advierte que existen altas probabilidades de que las opiniones y expresiones de este manual no sean de su agrado, no es necesario que lo lea, con comprarlo es suficiente.

En el caso de abordar la lectura aconsejamos tomar cierta distancia, igual que ante las noticias de un telediario que por fortuna son breves, por contra son muchas. Esta brevedad corresponde a su valor literario, lo cual puede ser una ventaja sobre todo si se tiene prisa.

Sin más, querido lector, agradecemos muchísimo que nos hayas escogido Sabemos de tu frenética vida y de tus problemas, lo cual le otorga doble valor. Gracias, gracias.

01. Confesiones y Dudas

*Una cosa es ser solidario
y otra es serlo
a cambio de nada
(M.Rajoy 2015)*

RESUMEN

Primero fue una dictadura,
luego una crisis o dos.

TODO IBA BIEN,

        PERO ALGO FALLABA.

                Y ERA MUY EXTRAÑO PORQUE

TODO IBA BIEN,

        PERO ALGO FALLABA.

                Y ERA MUY EXTRAÑO PORQUE

TODO IBA BIEN,

        PERO ALGO FALLABA.

                Y ERA MUY EXTRAÑO PORQUE

TODO IBA BIEN,

        PERO ALGO FALLABA.

                Y ERA MUY EXTRAÑO PORQUE

TODO IBA BIEN,

        PERO ALGO FALLABA.

                Y ERA MUY EXTRAÑO PORQUE

TODO IBA BIEN,

        PERO ALGO FALLABA.

                Y ERA MUY EXTRAÑO PORQUE

TODO IBA BIEN,

        PERO ALGO FALLABA.

                Y ERA MUY EXTRAÑO PORQUE

TODO IBA BIEN,

        PERO ALGO FALLABA.

                Y ERA MUY EXTRAÑO PORQUE

TODO IBA BIEN,

        PERO ALGO FALLABA.

                Y ERA MUY EXTRAÑO PORQUE

TODO IBA BIEN,

        PERO ALGO FALLABA.

                Y ERA MUY EXTRAÑO PORQUE

TODO IBA BIEN,

        PERO ALGO FALLABA.

                Y ERA MUY EXTRAÑO PORQUE

TODO IBA BIEN,

        PERO ALGO FALLABA.

                Y ERA MUY EXTRAÑO TODO.

"Éxito de ventas"

"Éxito de ventas" será el título de mi próxima obra, versará sobre la irrefrenable necesidad de pagar el alquiler aunque sea forrando recortes de periódicos en tapas duras.

ESCUCHADME que voy a decir algo. Atentos a mis palabras. Serán reveladoras, ingeniosas, revolucionarias. Mis palabras marcarán un antes y un después en la historia de las palabras. ¡Qué demonios! En la Historia, con mayúsculas. La gente dirá: ¿Qué día es hoy? Tal día, tal mes, tal año después de las palabras, mis palabras. Os reiréis, os sorprenderéis, os transformarán. Se pondrán de moda, habrá posters y tatuajes, se recitarán en los colegios. Número uno en dedicatorias y galletas de la suerte, mis palabras recorren el mundo sorprendido de tanto ingenio. ¿Cómo no se nos ocurrió antes? Dicen los intelectuales ¿En qué estaríamos pensando? Dicen los científicos que buscan la materia oscura. Las palabras, mis palabras, dieron luz al universo, lo cambiaron todo. Yo las escribí por falta de cariño, por ver si me hacían casito, tan solo... Y ahora la gente no quiere verme, sólo quieren mis palabras, esas que escribí antes, lejos, tanto que ya no son mías. Y nadie me hace casito, sólo a las palabras, las putas palabras.

THE SYSTEM

Alimento al monstruo que quiere comerme y corriendo, aterrado, tratando de huir de esa fiera cruel y sanguinaria, grito pidiendo socorro. En las calles estrechas mi socorro son mil socorros, ecos de otros socorros que persigue el mismo monstruo. Y a todos nos acorrala. "¡No es justo!", decimos. Y el monstruo arrollador se ríe. Se ríe porque yo lo alimento y vivo en él. Todos. En el monstruo.

EMBAJADAS

Voy a todas las fiestas de las embajadas y señores con gafas oscuras me impiden siempre la entrada. Me recuerdan que no soy un personaje de Turgueniev, que esto no es el siglo XIX, que no hablo francés ni tengo dividendos de ninguna hacienda. Y que no estoy invitado. Que vuelva a mi barrio, que ahí no dan trabajo. Una lástima. He oído hablar tan bien de los canapés y querría conocer a toda esa gente distinguida, con sus problemas distinguidos y olvidar los míos. Quería un entorno donde mil euros no fuesen ningún problema y recordar entre carcajadas distinguidas tal fiesta en una distinguida ciudad lejana o en aquel distinguido yate bajo distinguidas lámparas de araña. Empezar una frase con "En mi palacete". Y reírme con ellos, reírnos juntos, reírnos de los demás, reírme de mi yo anterior. Condescendientemente. Y deslumbrar con mi técnica pianística y mi templada voz a las últimas princesas del este. Y relatarles mi participación en tal o cual revolución, mi viaje por el Orinoco o cuando sobrevolé en globo determinado volcán. Quizá enloquecer y pasar del vals al tango, del rape a la pipa y rematar con versos y claqué. Fingir que somos amigos y disimular que quiero matarlos también. Pero los señores con gafas oscuras y sin ganas de imaginar me impiden siempre la entrada. Y con mis mejores zapatos desgastados recorro los barrios elegantes buscando otra embajada donde las copas sean de cristal fino y las alfombras camuflen mis pasos necesitados y asesinamente fantasiosos.

LOS CANALES de documentales
ponen programas de ovnis.
Las cápsulas de café
son ecológicas.
Privatizar es libertad.
El bienestar un incordio
y Amazon
quiere lo mejor para nosotros.
Si el smog me dejase pensar,
no sé qué pensaría.

DIEZ DE CADA DIEZ

ESTUDIOS CIENTÍFICOS PRIVADOS

DICEN QUE LOS

ESTUDIOS CIENTÍFICOS PRIVADOS

SON MEJORES.

- Y ESTA PASTA DE DIENTES -

¡GRACIAS, ESTUDIOS CIENTíFICOS PRIVADOS!

ATRAVESANDO EL PUENTE que lleva a la pregunta "¿Cómo hemos llegado a esto?", me preguntaba; ¿Quién construyó este puente? ¿Por qué me duelen las manos? ¿Sólo tiene una dirección? Delante, al final del puente, se vislumbraba un tiempo indeseado, indescriptible. Unos carteles enormes anunciaban el desastre. El atrás ya no existía y todos caminábamos por el puente de una sola dirección, el puente que lleva a la pregunta "¿Cómo hemos llegado a esto?".

***

ME ENCANTA levantarme con el amazon de la mañana, bajar al ibardrola, pedir un nestlé para llevar y tomármelo en un bankia fuera, aunque uber y aunque bayer, me da securitas direct. Es muy flovoprofén. Es carglass total. Es lo que más me apple, google a quien le google. Hache y eme a quien le mercadona, yo decatlhon quiero ser zara.

***

EN MUCHOS ASPECTOS de la vida soy un perro. Lo reconozco y reconocerlo es el primer paso para superar un problema que, la verdad, no sé si llegaré a superar. Así que siendo perro lo soy menos que aquellos que también siéndolo no lo reconocen, pero mucho más perro que los que no lo son. En una supuesta gráfica de perrez, mi línea se distinguiría a partir de mi confesión, despegándose de la de "Perro" pero sin llegar a la de "No Perro". Estaría en la línea paralelamente infinita de "Perros que lo reconocen", que es el primer paso, pero no el único, para no ser perro.

Nadando en el río de las circunstancias me topé con una efeméride y pasé de largo. La fuerza de las circunstancias me arrastraba río abajo y no estaba para conmemoraciones. Desdeñada, la efeméride me gritó ¡Pues que sepas que honro la memoria de un gran acontecimiento y sin memoria...! Ahí perdí su voz. En esa situación no podía quedarme, las circunstancias eran cambiantes e inexorables y sólo podía dejarme llevar.

Al rato me topé con otra, que también empezó a gritarme. Flotando como un madero le hice breves gestos de impotencia y sordera, no podía parar y las orillas quedaban lejos. No era el único. Muchos íbamos cabalgando sobre las espumas del río caudaloso. Nos mirábamos pasmados, apenas nos daba tiempo a presentarnos y como mucho, a reírnos brevemente de la absurda situación. Algunos luchaban por aferrarse a alguna efeméride y se agotaban luchando contra los acontecimientos, pero la gran mayoría nos dejábamos llevar, no éramos salmones, éramos simples votantes consumistas. Una coyuntura.

Así, heráclitamente, fluí con el río de los acontecimientos cambiantes, salpicado de efemérides huérfanas de acólitos sobre una corriente avasalladora y sin memoria, y sin memoria, todo puede pasar más de una vez, incluidos los errores, especialmente los errores. Llegando al mar, manríquemente, las orillas desaparecen.

Comandante Ratón

Hoy he dado likes a unas doscientas páginas protesta, soy un radical. Mi sofá es como Sierra Leona, mi ratón mi fusil y mis paseos al baño son como la marcha de Ghandi. No sólo doy likes, a veces incluso trasluzco mi emoción en símbolos de sorpresa, lloro, corazón o enfado. Si me dejo arrastrar por el fervor revolucionario voy y comparto, a lo loco. La sociedad sabe de mi esfuerzo y ya están pensando qué calle o avenida llevará mi nombre. En mi mundo virtual soy un revolucionario. El puto Che Guevara de los Sims.

Data

Cuando quiero saber algo sobre Venezuela le pregunto a los venezolanos que tienen pisos en Serrano. Si no tengo claro si un país es demócrata o no, le pregunto a la CIA. Si sospecho que es corrupción llamo al Partido Popular. Si tengo dudas bursátiles a Lehman Brothers y sobre la constitución a militares golpistas. Para buen cine el programador de Antena 3. Ana Rosa Quintana me señala a los etarras bolcheviques. Dudas sexuales a los obispos. Si necesito dinero voy al banco. Me va fenomen.. Bip Bip Bip *(Una vez en casa el proletorobot se enchufa a la tele para cargarse de razones y esperanzas)*

COLABORADOR

Sólo porque llevo ropa de una franquicia, tengo mi cuenta en un afamado banco, llevo a mis niños a un colegio concertado, compro por Amazon, uso Uber, Airbnb, tengo Netflix, HBO, todo plastificado, voy solo en mi coche, mi activismo es virtual, consumo Nestlé, Nike, Ikea, Monsanto, Bayer, Telefónica, Cocal-Cola, tiro las colillas al suelo y nosequé más... ¿Por eso? ¡Tú a mí no me llamas colaboracionista!

SECRETO

Si te digo que hay estudios que dicen que una sanidad y educación gratuita y de calidad es viable y más efectiva tendría que matarte, así que mejor te hago el favor y no te lo digo. Por ti, por no matarte.

LO PÚBLICO,
LO PÚBLICO,
LO PÚBLICO...
¡QUÉ OBSESIÓN!
¿Y QUÉ HAY DE LO MÍO?
¿EH?
¿QUÉ HAY DE LO MÍO?

CORAZONES DE PIEDRA

Se buscan corazones de piedra absortos en su mismidad, centros del universo y pirámide de sus preocupaciones. Fieles a los eslóganes de su inequívoca importancia y acaparadores de frases motivacionales para ellos mismos. Se requieren corazones de piedra que descomulguen la tierra y todos sus seres. Ojos que no lloren por nadie, bocas de verbos autorreferentes que pronuncien "ellos" con miedo. Pies que recorran el corto camino de su propia supervivencia, oídos sordos a la colectividad. Se precisa de un ejército de egoistones que desfilen con un espejo delante, adorándose y recorriendo el mundo sin verlo. Cabezas que renieguen de las bellezas y sufrimientos ajenos. Sólo así podremos invisibilizar un mundo ardiendo. Corazones de piedra, muchos, millones.

DESPREOCUPOL

EL FÁRMACO QUE NECESITAS

¡Y se acabaron las penas!

Recientes estudios afirman que preocuparse no cambia nada, no arregla nada. Entonces, ¿para qué preocuparse?

Despreocupol

Miles de personas se preocuparon mucho por unos ratoncitos de laboratorio, pero murieron porque la preocupación no sirve, no funciona. Preocuparse es inútil.

Despreocupol

No me daban cita y los bultos crecían, ya no importa.

Despreocupol

Estaba loca con la lucha de clases, ahora lo veo distinto.

Despreocupol

Nadie es más listo que una comunidad científica.

Despreocupol

Todo me preocupaba y empezaba a afectar a nuestra vida en pareja. Ahora nos odiamos más y ¡no me preocupa!

Despreocupol

Participaba en un genocidio. Y participo. Sin dramas.

Despreocupol

Deje que los políticos hagan su trabajo, obedezca la ley.

Despreocupol

¡No piense! ¡Actúe ya! Tome **Despreocupol**

Háganos caso y tararee esta pegadiza canción:

Despre, Despre, Despreocupooooooool. ¡Pol,Pol!

ESTOY BUSCANDO UN BANCO
QUE FINANCIE MI LIBRO ANTI NEOLIBERAL.
ESTOY Y NO ESTOY.
MI NO SABER ESTAR.

02. Narcisos y Digitales

Me gusta mi foto,
adoro mi comentario,
me quiero.

Mundo Vértigo

Escribir sobre el presente se va a pasar de moda. Pasan tantas cosas, nos contamos tantas cosas… Hoy, sin ir más lejos, hace un rato; tu arroz del domingo, tiranías y revoluciones, atrocidades y deportes, el calor y los memes efimerando la vida, inmortalizando instantes, scrolling you, scrolling me, scrollin us, avalanchándonos de instantes, queriendo asir sabe dios, indignándonos por modas, adelantando el pie y domeñando el rictus favorable en las fotos, casi se diría que sin estar, opinando, vendiendo humo tras máscaras sin riesgo, alabando el hedonismo, queriendo vivir perezosamente, esperando la rotonda que lleve tu nombre, el premio de tu ser singular, el reconocimiento de tu ansiedad específca que tarda en ser subvencionada. Tantos profetas y todos verdaderos. Mundo vértigo.

Los Post

Las publicaciones en redes sociales (los "post") son como botellas al mar de un náufrago. Esperando tu salvación no sabes a dónde ni a quién llegará. Escrutando el horizonte ansías que alguien reciba el mensaje y mande un yate a tu isla desierta, pero sólo mandan likes y cada vez quedan menos cocos. No ser inmortal me empieza a pasar factura, dense prisa. Enrollar. Meter. Taponar. Lanzar al mar.

Delirios

En mis delirios con las nuevas herramientas me creé una multipersonalidad. En Facebook soy un jipi cultureta que recorre el mundo en bici. En Instagram parezco un joven modelo; miradas interesantes, morritos y tableta enmarcada en frases de motivación. Todos mis amigos son recortables. En TinderMeeticQuierometerc tengo un velero y soy cinturón negro de yoga pese a haber escrito varios best sellers. En Twitch cuelgo mis picados al mar desde los acantilados de México, mis últimas conferencias y coreografías y en Twitter soy un adalid de la revolución que nunca llega. El yo de ese lado de la pantalla me gusta mucho, soy fan, mi fan. A este lado de la pantalla que nadie ve creo que es miércoles y desde el lunes necesito ducharme.

Leíamos

Leíamos. ¿Te lo puedes creer? Pero no sólo los carteles, leíamos muchas más de las ocho palabra recomendadas. Lo llamábamos libros. Eran de papel y tenían muchísimas hojas, muy finas, llenas de palabras. Tenías que ir pasándolas y leyendo todo el rato. ¿Te imaginas? ¡Horas! ¡Leer un libro llevaba horas! La gente sin pantallas se aburrían muchísimo, estaban desesperados. Y leían.

PROFETAS WEB
(Influercerciados por influencercillos)

La verdad inverosímil
dando cátedra
y sumando likes.

La verdad verdadera
revelada on line.
Millones de visitas
a una zarza.

La verdad rebeldilla
certidumbrando en los screens
las complejidades de la vida.

Verdades cómodas,
decretando su inocencia.
Verdades sin riesgos,
culpando fuera,
alejando sacrificios,
acercando el interés
de lo que nos interesa

¡Basta de grises!
Todo blanco, todo negro.
Razones de corazones
de sí mismo enamorados
Así es
la moral del andorrano.

AUTOFOTO

Quise que el mundo supiese de mi impostura e hipocresía. Mostrarle a todos los dientes de mi narcisismo psicópata, la evidencia de una vida falsa, la constatación de una infelicidad encubierta. Quise mostrarle al universo la máscara que encubre mi dolor, el rictus de mi angustia, sonriendo y mirando al objetivo clamando socorro. ¡Sacadme de mí! No puedo seguir torturándome. ¿No os dais cuenta? ¿No se nota? Y publiqué el selfie de la desesperación. Sólo recibí emoticonos. Nadie supo leer el terror de la imagen. La enfermedad. Un selfie más.

Los parajes más hermosos,
los platós más bellos.

Por cada atardecer mil selfies,
por cada selfie mil likes.
Todos modelos, todos fotógrafos

Fuimos allí para no estar.

Mira. Un millón de pruebas.
Mira. Un atardecer.
Mira. Otro.

AL MAIZAL

El ojo avezado y adscrito a esta red social se habrá percatado que últimamente escribo mucho en ella, es que no estoy bien y...(Diles que te ayuda) Y sí, escribir me ayuda con mis cosas (Es positivo, diles que es positivo/ Como terapia) Y, ejem, es positivo... Como una terapia de esas, aunque también tiene su reverso de ansioso narcisismo, no te creas (No, nada de eso /Que se calle/ ¡Que hable de otra cosa!/ No me grites) No, olvidarlo, no tiene reverso y por eso las voces dicen que escriba para que.. (¡No les digas que oyes voces!/ Este tío es tonto/ ¡No les hables de nosotras!) ...las voces, de la conciencia... que terapizan el asunto ese... (Venga corta ya/ Sí, vámonos/ ¡Al maizal, al maizal!) Y, ejem, bueno, que es por eso, muchas gracias. Eso es todo. (¡Ahora al maizal! / ¿Y al pantano? Hace tiempo que no vamos / Juaco, tú sigue al maizal. Y tú calla, no discutimos dentro del huésped/ ¡Al maizal, al maizal!).

EN SERIO

Mucha gente me pregunta si voy a ponerme y a escribir en serio. Yo les respondo que no, que con ponerme y escribir en broma es más que suficiente. No hay que ponerse dramáticos, no todo es ponerse.

Se confirma

La gente lee cada vez menos. La retórica extensa y las frases largas caen en desuso. La Real Academia se plantea eliminar las frases compuestas y subjuntivas así como miles de palabras infrautilizadas. "Son tiempos de inmediatez, no hay tiempo para pensamientos complicados y complejos que dependan de un exceso de palabras. Es improductivo, una pérdida de tiempo. Con emoticonos y memes ya funcionamos bien". Para aligerar aún más el lenguaje, diariamente se irán eliminando palabras que apenas se utilizan. Hoy desaparecerán "inefable", "incólume", "dabuten" y "ectopía". La Academia resalta: "Menos es más. Es lo bonito del idioma, está vivo y trabajaremos menos, lo cual es más como te dije. Lo cobraremos. Lo breve si breve mola. Stop".

Ipc

Tonto es el que hace tonterías, escritor el que escribe y poeta el que versa. Seis pisos más abajo estamos los publicadores (posteadores), ocurrentólogos, grafiteros, folletinistas, fanzineros, impresionistas, vehemencios, esloganeros y exhibicionistas varios de las palabras que no cotizan, excepto entre los amigos. No confundir. A ver si me van a aplicar el Ipc que no es.

El hit

La primera vez que corearon el estribillo fue emocionante, se me saltaron las lágrimas, ¡se la sabían! Todo el grupo alucinamos. Fue uno de esos momentos catárticos, signifique lo que signifique eso. Todo el público coreando al unísono. La piel de gallina, los pelos de punta, muy emocionante (...) Es nuestra tercera gira y no puedo más, no lo soporto. ¿Queréis dejarme cantar la puta canción? ¡Iros a un karaoke coño ya! Ya me puedo desgañitar, da igual, ellos insisten en cantar también la puta canción, que a estas alturas ya la odio. Os la sabéis, muy bien, os felicito, montad un grupo. Me parecéis todos unos gilipollas con vuestros telefonitos. A más fan más gilipollas. Creo que voy a suicidarme con exceso de drogas. No es muy original. Es lo que hay.

A VECES
PIENSO QUE ESTÁIS TODOS
TAN JODIDOS COMO YO
Y UN POCO SE ME PASA.

Límites
Cosas que debían habernos hecho sospechar

Hay un límite en la vida y son las películas de Steven Seagal. Puedes malgastar tu tiempo de muchas formas; persiguiendo posibles sospechosos en tu marco geopolítico y sociocultural, haciendo de los malos hábitos tu únicos hábitos, siendo un hater de la milagrosa vida o pensando que eres especial. Hay casos de votantes pro medioevo, hipócritas de fe y contaminadores convencidos. Puedes incluso, dentro de tus hábitos menos productivos, ser un adicto a la telebasura, al reino vacuo de las redes sociales y al vacío existencial de las películas de acción, pero nunca, nunca, participes del visionado de una película de Steven Seagal. Todo está mal ahí. Hiede. Hasta ahí se puede leer. Acabáramos.

Yo vi una hace siglos y me parece poco tiempo. No sé por qué lo hice, era joven, pero no es excusa. No recuerdo bien si fue una sobremesa o una madrugada ociosa, el caso es que estuve ahí. El horror, el horror.

Cosas que no le importan a nadie
y a nadie le importa.

BUSTER

Tuve una pesadilla, yo era jurado de un programa de esos de talentos y me veía a mí mismo poniendo caritas de sorpresa una y otra vez. Simulaba sorpresa. Una y otra vez, abriendo bien los ojos y haciendo sordos "waws" que me ponían cara de pez. Varias veces por programa, varias veces a la semana, durante meses y años. Fuera del programa era incapaz de emocionarme y por supuesto de externalizarlo. Mis hijos hacían piruetas en el parque instándome a mirarlos y admirarlos y solo me salía "Muy bien hijo, muy bien", pero con la cara de Buster Keaton.

THE NAME

No me iba muy bien en mi carrera artística. Es verdad que estaba empezando pero más verdad era que no había conseguido ningún trabajo, siquiera un casting decente. Había un problema y el problema era el nombre. Joaquín Yver no tiene punch, necesitaba otro nombre, algo así como Tim Burton, Sigourney Weaver o Jason Momoa. La sonoridad es importante y un componente exótico llama la atención. Lo pensé mucho y tras probar miles de combinacioncs me decidí por Winona Ryder. Muy llamativo, voluptuoso y dinámico, casi erótico. En cuanto me cambié el nombre mi vida artística despegó. Me llamaban de los castings, conseguía papeles cada vez mejores y en definitiva, triunfé. A veces el éxito viene por pequeñas cosas, detalles. Quizá si Issur Danielovich no se hubiese cambiado el nombre a Kirk Douglas no lo hubiesen crucificado en Espartaco. Un día, en una de mis propiedades con vistas al mar, recibí una extraña carta. En ella, un señor, mayor que yo, afirmaba que conocía el nombre de Winona Ryder antes de que yo me lo inventase, algo imposible. Contaba una rocambolesca y sórdida historia sobre un prostíbulo en un lejano pais, en los años 40, regentado por una madame que se llamaba así, Winona Ryder, y me preguntaba si yo la había conocido. La gente está fatal. Recuerdo perfectamente cuando creé mi nombre.

(Winona, del Sioux Dakota Winúŋna, "primera hija". Ryder por el músico Mitch Ryder, favorito del padre de Winona, que se apellidaba Horowitch, como Howard de Big Bang Theory)

Y ahora el núcleo de la tierra se está frenando.
Todo me pasa a mí.

El individualismo está sobrevalorado, te lo digo YO.

En tu viaje por los tiempos limitados de tu existencia tu yo se configura como el protagonista absoluto de una novela inacabada. Y oye, cansa. Quitarse el yo, desenmascararse, es un arduo trabajo, yo casi nunca lo consigo. Una dolencia, una obsesión, un recuerdo, un deber, una ansiedad, una meta, un origen, un desamor te atan a ti. Tu cuerpo tan cuerpo, tus ojos mentirosos, tus manos imprecisas, tus pies inquietos te delatan. Eres tú, viajando con un enorme cartel: "Hey, soy yo, y nadie más" Aquí me tenéis, the one and only, con toda mi importancia, el protagonista constreñido en este cuerpo, tan mío. Un universo con patas y cejas. Un cosmos de problemas y alegrías, estrellas y singularidades, vacíos y turbación, avanzando por las páginas, tus páginas. Maldiciendo al autor, perdonándolo. Haciendo peticiones desmedidas, contradiciéndose. No se puede ser una quimera. Por momentos nos gustaría ser él, o ella, otrarnos. Empezar una novela de nuevos y desconocidos precedentes y sabores, resetear el camino anterior y vislumbrar uno nuevo, diferente, que nos lleve a insólitos y sorprendentes horizontes. Plenarse de amor, pero no cualquier amor. Un amor sincero, hacia fuera. Un amor desinteresado de un alma generosa, sin miedo. Un amor que fluya sin egos ni autoestimas dañadas. Un amor que no sea correspondido. Una carcajada. Convertirnos en risa y baile y extrañarnos a nosotros mismos. Salir de nuestras tapas duras y poder ser un día un cuento para niños, una antigua leyenda, un petroglifo misterioso, una música bajo el mar, una brisa. Sería divertido no ser yo, ser otro. Otrarse. *(Manual de Amores Imposibles)*

HIKIKOMORI

Hikikomori, le dijo el psicólogo de atención telefónica. ¿Cómo una persona de Córdoba iba a sufrir un trastorno japonés que no se contagia? ¿Cómo puede ser que mi hijo tenga eso?, preguntó María. El psicólogo le dio unas vagas y someras explicaciones que ella no entendió, por dentro era un mar de pena. Su comprensión estaba empañada de tristeza. No entendía. ¿Sería por su culpa que su hijo se había aislado del mundo? No quería salir, había renunciado a la vida social, a las amistades, a la naturaleza, a todo. Llevaba más de seis meses encerrado en su cuarto y ella ya no sabía qué hacer, qué decir. Lo había tentado con viajes y excursiones, con cines, con amigos y nada funcionaba. Le había castigado quitándole internet, la comida, incluso la luz, pero era inútil. Encerrado del mundo y encerrado en si mismo. A la defensiva no es la expresión, su hijo simplemente no quería salir, no daba respuestas y no hacía preguntas. Casi muerto en vida. Tenía que estar sufriendo mucho por algo que ella desconocía y eso la atormentaba. Su hijo. El psicólogo pensó que esa buena mujer no merecía sufrir tanto por un joven tarado. No le parecía bien. Además, nunca había ido a Japón, no le encontraba interés. Tranquilícese señora, seguro que se le pasa. ¿Tiene alguna otra consulta?

03. Pequeñas Finanzas

La economía domestica, sin tilde.

COMPRAR ASTURIAS

Cuando me veo ofuscado por la vida pienso en comprar Asturias. Entera. Es un pensamiento muy agradable que me calma y me parece un proyecto ilusionante. Me imagino el día que llego con los chorremil millones, firmo, y ya puedo decir que Asturias es mía. Entera. Así, cada vez que tuviese problemas pensaría ¡Da igual, tengo Asturias! Sería muy reconfortante y tremendamente útil en las angustias de futuro. Ante cualquier eventualidad, Asturias. Que me ha sentado algo mal de la comida, pues ya lo arreglaré en Asturias, con un caldito. Que me caes bien, te invito a Asturias. Que me caes mal, te pego con Asturias. Para cualquier cosa, Asturias. Estoy juntando monedas de dos euros en una hucha con la forma de la cabeza de Karl Marx, el problema es que tiene un tapón y a veces, a final de mes, lo aligero. Persistiré, si no me llega compraré otra cosa, aunque no tenga mar, Soria por ejemplo, pero preferiría que tuviese mar, preferiría Asturias.

MIL MILLONARIO

Hoy me desperté mil millonario. No sé cómo ha podido pasar, no recuerdo haber comido nada extraño anoche y no he cogido frío los últimos días. Algún tipo de infección pensé, o la picadura de un insecto que con esto del cambio climático está todo raro. El caso es que ahí estaba, con tantos ceros en la cuenta que se salían de la pantalla. Al principio abruma, no te voy a engañar, pero poco a poco te acostumbras a tu nueva condición. Mil millonario. No sólo rico, no millonario ni multimillonario. Mil millonario. Absurdamente rico. Un exclusivo club, no llegamos a tres mil, casi la mitad en Asia, un tercio en América, un quinto en Europa y el resto repartido. ¿Qué hacen todos esos tíos gilitos con tanto dinero? Hobbies caros, en plan "me voy a dar una vuelta por la estratosfera" o "me voy de compra de islas enteras". Muchas casas, palacetes, aviones y barcos. Cochazos por supuesto. Y relojes carísimos también. Yo lo primero que voy a hacer es arreglar un mueble del baño, que está fatal, y tengo que poner una cortina a la ducha también. Prioridades. Por lo visto se reúnen cada dos años, juegan al golf, beben los champanes más caros y comen tapas con oro espolvoreado. Y ríen con estruendo. Esas personas, 2668 en 2022 según Forbes, tienen tanto dinero que podrían hacer lo que quisieran, demoler los Alpes, teñir de morado el Ártico o envolver África para regalo, lo que se les ocurra. Por alguna razón no se les ha ocurrido detener ninguna guerra ni hambruna y mucho menos el cambio climático o el auge fascista. Las reglas del capitalismo son extrañas. Sus vehículos blindados van demasiado rápido para pensar en los demás. Fardar de yate ocupa tiempo. Me acercaré a la súper reu bianual, después de arreglar el baño e intentaré matarlos a todos. Y a sus herederos también. Creo que empezaré por los herederos, porsi. Con tanto dinero estoy por encima del bien y del mal, que finalmente, tiene un precio.

Y Tío Gilito nos hacía reír.
Qué gracioso, un pato con todo ese oro.
Un pato.

Saldo disponible

Tengo 23,64 euros disponibles. No llega a treinta, pero casi. Aunque son muchísimo más de veinte y eso me pone contento. Cuando bajen de 20 euros pensaré que son muchísimo más de diez, cuando baje de diez pensaré que aún me quedan bastantes euros. Cuando sea menos de un euro serán un montón de monedas pequeñas que podré hacer tintinear. En un huevo kinder serán como un sonajero de riquezas con el que bailar ritmos caribeños por calles grandes y pequeñas. Por menos de un euro, bailar y viajar. ¿Quién dice que me administro mal?

***

Ahora tengo catorce con catorce euros disponibles. Catorce con catorce unidades monetarias europeas. Tienen su conversión en todas las monedas del mundo. Tienen su aval en oro e indicadores bursátiles en Wall Street. Catorce con catorce internacionales y reconocidos euros. Puedo gastármelos en casi cualquier parte del mundo. Catorce con catorce eurazos. Cero coma veintisiete gramos de oro. Dieciséis con dieciséis dólares. Mil setecientos setenta con setenta y nueve yenes. Dos mil trescientas cincuenta y dos con sesenta y dos pesetas. Siete millones doscientas ochenta y seis mil setecientos treinta y siete con 89 bolívares venezolanos. En este luminoso otoño del acabose, los invertiré en revoluciones y bailes que me humanicen, viajes y compañías que me asombren, paisajes que me admiren, libros que me ilustren, licores de risa y con lo que me sobre, compraré tabaco.

***

Finalmente tengo 7,22 euros disponibles. Puedo disponer de ellos ahora mismo, si quiero. O mañana. Pasado no que vienen facturas pero hoy y mañana puedo hacer lo que quiera con ellos. Son míos y de nadie más. Tengo la tentación de bajar a un bar y gastármelo todo o comprar libros de segunda mano, nuevos no podría. Un par de calcetines quizá, aunque creo que no. Calzoncillos seguro que no, aunque los hagan en Asia. Golosinas, helados, harina, prensa manipuladora... Al precio de la luz puedo tener la tele encendida hasta que me den ganas de quemarlo todo, o poner una lavadora. No sé, hay tantas opciones que me abrumo. Dudo. No sé si sería mejor no tener nada y no tener que tomar tantas decisiones. Decisiones, decisiones, decisiones. La gente que tiene millones lo debe pasar fatal. Yo no podría con tanta responsabilidad. Te invito a un café, con churros. Un día es un día.

***

ESTABA PASEANDO y unos turistas han empezado a teclearme en la cara y me han puesto las maletas encima al confundirme con un piso turístico. Mientras se me encaramaban el más pequeño me ha pedido la clave del wifi. Es lo que tiene vivir en la Warner. No les he dicho nada porque necesitaba el dinero.

***

Quítame de la lista de los que pueden dejar dinero.¡Ah! ¿Que no estaba? Pues déjalo, déjalo. Como estaba. ¿A ver? Déjame ver la lista un momento...

Viaje a Ninguna Parte

"There´s no business like show business" es una canción de 1946 (de Irving Berlin) para el musical "Annie gets your gun", una historia de amoríos feriantes con Buffalo Bill cuando terminó de masacrar a todos esos búfalos menos famosos. Posteriormente se hizo una película musical -¡en color!- con el mismo título. Versaba sobre la familia Donahue, The Five Donahue, donde las ganas de servir a Dios, al ejército y al canto se unificaban. El negocio del espectáculo es un poco raro, independientemente de si es un artista callejero o una mega producción. Es arriesgado y difícil de evaluar pero persiste, en parte, por la necesidad del ser humano de escuchar historias, salir de él, y en parte por la, también necesidad, de contarlas. En este oficio nos movemos muchos; artistas, administrativos, técnicos, personal de sala, etc. En general domina la temporalidad/ inestabilidad laboral y por extensión la variedad, si insistes en sobrevivir, lo cual es una cosa buenomala según se mire. Tiene algo de fe. A mí cada vez me gustan más los lunes, puedo contar historias gratis y le pongo velitas a San Productor, para que no se arruine,y a Santa Nómina, para que se me aparezca.

C.V.

Tengo un buen trabajo inestable. Llevo treinta años empalmando inestabilidades y a veces es inevitable imaginar otros modos de supervivencia, menos intensos y más predecibles. Un perdedor de guantes profesional por ejemplo, soy realmente bueno en eso. También puedo ejercer como desordenador de habitaciones, nivel experto. Mis privilegios de hombre blanco geográficamente bien posicionado me sitúan como un excelente domador de sofás y posible testador de camas, preferentemente duras con almohadas blandas. Como cicloturista de bares también tengo amplia experiencia. Podría ejercer de ávido e irregular lector sin problema y también como juntador aficionado de palabras. Podría cobrar por escuchar música, casi todos los estilos y acodándome en la barra soy también muy bueno. En iniciativas empresariales desastrosas soy premium. Echando humo tengo más de treinta años de experiencia. Narcisista declarado, aceptaría un modesto sueldo por mirarme más. No conducir me ha permitido ahondar en el oficio de copiloto, y también soy muy mal fotógrafo. Haciendo la bomba de humo e inacabando estudios he alcanzado la excelencia. Soy un desamante experto y por ende un solitario cualificado. Soñador, impaciente, ganso, preferiría trabajos que no sean de atención al público, pues también soy un poco misántropo. Yo veo posibles, hay que ser optimista aunque sea un poco pesimista. No todo es teatro. Si te interesa, por privado.

Estoy reajustando expectativas y revisando prioridades. Hay que ser realista. He quitado de la lista hacer los catorce ochomiles, lo está haciendo todo el mundo y ya no me motiva tanto. También he decidido no ir a la Estación Espacial, huele a choto dicen y lo de la luna esa tan gris, tan yerma y tan, tan fría… Pues tampoco. En las profundidades del mar no se me ha perdido nada, no sé porqué lo tenía apuntado. Fuera. Las auroras boreales, no nos vamos a engañar, se ven muy bien en la tele y me va a dar mucha pena ver los polos derretirse, abrigo que me ahorro. Creo que voy a quitar algunos ríos, muchos mosquitos; Amazonas, Congo, Orinoco, el Nilo, el Mekong…Bueno, el Nilo sí quiero remontarlo y quizá bajar por el Mekong, ya veremos. Sí o sí dos meses por Italia y tres por Japón. Un año para Sudamérica mínimo. Es poco, mejor dos. Nueva Zelanda es inevitable. Para viajes en velero, sumándolos todos, cuatro. Ocho para estudios y seis para la revolución, las cosas bien hechas bien parecen. Pragmáticamente debiera reservar otros diez para viajes imprevistos y cinco más para visitar amigos, a ver como alargo el contrato. Creo no voy a poder ir a las olimpiadas con tanto viaje y dirigir óperas me resta mucho tiempo, pero seguiré entrenando. No sé si me va a dar para amar a tantas conocidas y desconocidas como pretendo, tendré que improvisar. Me duelen esos ríos y montañas, la luna y la Estación. Una pena las auroras… Lo agendo por si acaso. Marte de momento no. Hay que ser realista.

La Llamada

Vamos a suponer que un día te llaman de una productora para un nuevo proyecto. Alguien les ha pasado tu contacto, eres un renombrado héroe de mil batallas y como buscaban un muy buen regidor pero están todos ocupados te han llamado a ti. Necesitas el dinero y además te hace ilusión. Entonces, como profesional mercenario que eres, sólo necesitas saber dos cosas; fechas y condiciones. Si ambas te convencen estás dentro. Si una de ellas no te convence, pero necesitas el dinero, estás dentro. Si ninguna te convence, pero necesitas el dinero, estás dentro. Felicidades. Tienes trabajo. Sonríes, tu casero también.

(Fragmento de "Manual de regiduría de musicales" del autor, editado en "Historias de la Regiduría" AAEE))

Espejismo

Ir en velero costeando idílicas islas bañadas por aguas turquesas mientras tu amor canta bossa y el olor a ajo sofrito anuncia la comilona que precede al sexo que precede a la siesta que precede al snorkel y un buen libro que precede al atardecer maravilloso que precede a la cena alrededor de una hoguera que precede al vino y danzas orgiásticas que funden en risas y caricias sobre fina arena junto a una palmera que recorta su silueta en una noche estrellada de amable brisa y despertarte sudando, solo, a cuarenta grados y a veinte minutos de entrar a currar al polígono ese que está acabando con tu vida proletaria y soñadora.

El impulso motor

Jóvenes de todo el mundo se reunían en aquel punto de la salvaje costa de ese exótico país. Viajeros sin peso, alegres, celebrando estar allí y ahora, distinguiéndose de todo un mundo de obligaciones. Honrando la belleza de estar vivos con guitarras, hogueras y baños en el mar. En la contemplación de la belleza está la armonía de todas las cosas dijo uno, porque fijaros que atardecer más bonito. ¿No es precioso? ¿No somos afortunados de estar aquí? Todos asintieron. Claro que eran afortunados. Ahí fuera, en sus países de origen e incluso en el pueblo más cercano, todo el mundo se afanaba en sobrevivir y ellos tenían la suerte de estar fuera de la rueda y de alguna manera se sentían elegidos. Alguien tiene que apreciar la belleza del mundo y ellos llevarían esa carga. Habían recorrido medio mundo para estar ahí y lo habían conseguido. Los auténticos hijos de la vida esencial. Para celebrarlo encargaron unas cuantas cervezas más al camarero que pese a estar en la India era nepalí y que pese a ser nepalí podía comerciar en alemán, inglés, francés y español con total fluidez e incluso en chino, hebreo y ruso se defendía bien, pues no eran los primeros elegidos que venían por allí. Les trajo las frías cervezas a un precio que ningún local podría pagar jamás. No habría propinas, los conocía bien a estos buscadores de belleza. Sabía que eran ricos pero también sabía que eran avaros y un poco tontos. En el pueblo podían conseguir la cerveza mucho más barata pero nunca iban al pueblo, no hablaban hindi y mucho menos nepalí. Sabía muchas cosas de ellos. Llevaba los años suficientes atendiendo elegidos como para saber que la gran mayoría de "buscadores de la belleza" huían de un desamor. Pobres, tanto dinero y tan sensibles. Les iba a traer todas las cervezas que quisieran.

Vacaciones en el mar

Encontró un hueco y escapó. Por fin. Aquello era enorme y allí dentro estaban muy apretados. Viajó por los mares, sobrevivió a los peligros, se enamoró de una salmona y fueron felicjgshññj... Un día les llegó una carta. Había un problema. Él era un salmón privado y debía volver a la piscifactoría. Además, estaba prohibido amar a un salmón privado, por lo que el amor también pertenecía a la compañía. El salmón volvió, con su vida y su amor confiscados. Ella se quedó, sin su amor y con la deuda.

UN VIEJO QUE LEÍA FACTURAS DE AMOR

¡Mira! Una carta. Qué majos, me han vuelto a escribir. A ver que me cuentan los chicos...(Abre la carta) "Señor Enrique Morales". Siempre me hablan de usted. Si es que me quieren un montón. Todas las cartas vienen encabezadas con mi nombre y eso siempre ilusiona. ¡Incluso me felicitan por mi cumpleaños! Son un encanto... Fíjate en el lenguaje, el trato es más que correcto, es formal... Formal pero no frío, ¿cómo lo diría? Formal pero sin serlo demasiado, ¿saben? Siempre se entrevé un poco de cordialidad, se podría decir que casi te tutean. Eso sólo puede ser porque me quieren. Es de agradecer que tengan esa política. Sorprende incluso, porque bien podría ser una de esas empresas que sólo mira por sus intereses, pero no. Se nota, se nota que hay humanidad. Yo la verdad no debo estar haciéndoles millonarios. Mis ingresos son más bien pobres. Vivo solo y necesito poco. Hace tiempo tuve un perrito. Pero tampoco gastaba mucho. Es por eso que digo deben ser buena gente. Conmigo no hacen mucho negocio. ¡Mira! Todavía tengo por aquí la tostadora que me dieron hace ocho, diez años... Ya ni me acuerdo. Hace mucho que no la uso, pero cuando funcionaba, funcionaba... Quiero decir, que hacía tostadas. Claro, es una tostadora. Y estaban ricas, ¿saben? Quizá no era la mejor tostadora del mundo, de hecho se estropeó bastante pronto... pero oye... fue un regalo. Me lo regalaron cuando domicilié todas mis cuentas. Son increíbles. Fíjate que cuando más trabajo les das, no sé... Ahora que llevan toda mi vida pues ¡todavía son más atentos! Ahora me mandan muchísimas cartas. Miren, las guardo todas, mira que montones, ¡qué recuerdos! Hay algunas que tienen más de treinta años. Me gusta tenerlas todas ordenadas, cronológicamente, bueno, menos las felicitaciones de cumpleaños y Navidad, que las guardo aparte. Son especiales... Se acuerdan siempre. Que eficacia...¡Y lo que me escriben! Yo no sé de donde sacan el tiempo. Yo tardo muchísimo en responderlas todas... Imagínate ellos, que tienen que escribir a tanta gente. Además, he oído que están regalando devedés. No me pregunten como lo sé, pero lo sé. El otro día a mi vecino le regalaron uno... y con el aprecio que me tienen seguro que están esperando a darme una sorpresa...Yo no entiendo mucho de negocios pero te digo yo que esta gente debe perder dinero. Si a mí prácticamente no me cobran. Y todo ese dinero en papel, y todas esas oficinas con calefacción y aire acondicionado, y tienen que pagar a toda esa gente simpática. Esa gente pierde dinero, te lo digo yo... No es normal... Con todas esas máquinas repartidas por las calles, pobres, seguro que algo de dinero pierden... Bueno, ahora voy a ver a mis otros amigos. (Encienq

delatele)

ROLLS ROYSTER

Lo esencial lo llevo en el carrito. No es uno de esos de supermercado, ese modelo no vale para Madrid, demasiadas aceras sin rampa. Yo uso el famoso modelo Rolser, no tiene tanta capacidad pero es ergonómico y fácil de aparcar. Mi "Rolls Royster Royse" lo llamo. Lo esencial, sobre todo en invierno, es un buen saco de dormir, ropa de abrigo, lectura, algunos recuerdos y la comida que pueda llevar. Ah, y papel y lápices. Alguien me regaló un teléfono y lo vendí, no estoy para llevar cargadores y menos para ir pendiente de la batería, no me gusta mendigar electricidad en comercios donde no consumo. Soy un mendigo al que no le gusta mendigar, tengo mis cosas. Hay muchos tipos de mendigos, o vagabundos, o sin techo, como lo quieras llamar. Me gusta en francés "clochard", no sé por qué. Intento ser lo más independiente posible. A la mayoría de la gente no le gusta tenerte cerca y lo entiendo. No me ducho todos los días, pero intento ir lo más pulcro posible. No es difícil encontrar ropa y de mi vieja vida conservo cierta coquetería. Lo cortés no quita lo valiente. Entiendo el rechazo, casi toda la gente hace ímprobos esfuerzos por mantenerse como ciudadanos respetables, con trabajo, facturas, alquileres, burocracias y esas cosas de las que huí. ¡Tienen hasta hijos! Son unos valientes. Yo no, me acobardé y tiré la toalla. No me arrepiento de nada, soy más libre así y vivo más tranquilo. Claro que tuve un oficio, familia y esas cosas, pero afortunadamente no tuve descendencia así que no avergüenzo a casi nadie. A veces pasa que me encuentro a alguien de mi antigua vida, intento evitarlo, moverme por otros barrios, pero a veces ocurre. En ese caso suelen suceder tres cosas, no me reconocen, o me evitan fingiendo no reconocerme, o se ponen paternalistas y me ofrecen su ayuda, cuestión que siempre deniego. No es fácil para ellos digerir que es mi opción, que soy más feliz así. No soy un enemigo de esta sociedad, tan solo comulgo poco. Recojo siempre mis cartones, no bebo y no voy, como otros, vociferando tonterías por ahí. No es mi estilo. Me veo más como un reciclador, en biología los llaman carroñeros y son muy importantes en el ciclo natural. Alguien tiene que reciclar las absurda cantidad de cosas que se tiran a la basura. Mundo loco, más que yo. Ahora mismo, al sol del invierno, soy el rey del mundo, es navidad y la ciudad está tranquila. Alguien me ha invitado a un café caliente y le he regalado uno de mis terribles dibujos. Hay buena gente por ahí. Felices fiestas.

EN MI PRÓXIMA VIDA
QUIERO SER PARAÍSO FISCAL,
QUE ME QUIERA TODO EL MUNDO.
LITERAL.
SOLO AMOR.

GLOVO

La gente no se lo cree, pero el otro día gané 250 euros por un solo porte. Llevando comida a domicilio no gano mucho y el alquiler se lo come todo. Esos euros me salvaron el mes, pero mis colegas no me creen, dicen que soy un fantasma, un trolas. Que se rían lo que quieran, no me importa, este mes soy el rey. Incluso le he enviado 100 euros a mi madre, hacía meses que no le enviaba nada. Mal hijo. Este mes soy un buen hijo. ¿Cómo gané tanto en un solo porte? No os lo vais a creer.

El miércoles pasado llego a mi habitación y estaba E.T., el extraterrestre majete de los ochenta. No es muy alto, pero es bastante feo. Claro que hay gente que le gustan los chihuahas, habrá a quien le parezca mono. A mí me pareció un gran escroto con ojos grandes que me miraban con carita de cordero degollado. Un cordero horroroso. Al principio me descoloqué bastante. ¿Cómo ha llegado un extraterrestre a un bajo de Usera? Es más, ¿cómo ha entrado en mi habitación? Comparto piso con seis personas más, ha debido ser una broma. Espera. Esto no es una broma. Nadie mete extraterrestres en habitaciones para hacer una broma. En realidad, nadie hace nada con extraterrestres porque nadie ha visto ninguno, hasta ahora.

Así que ahí estaba yo. Corrijo. Ahí estábamos los dos, el terrestre y el extraterrestre. Y me habló. Levantó un dedo horroroso que parece una polla/bombilla y dijo: Teléfono, mi casa. Yo; ¿Qué? Y repitió; Teléfono, mi casa. Yo;

No, tu casa no. Mi casa. Mi ca-sa. Y él erre que erre. Durante unos instantes no supe muy bien qué hacer. Mi amigo Oscar, que está taladrado y facha a más no poder me diría que llame a los de desokupa. Ni borracho llamaría a esa gentuza. Además, es bastante pequeño, creo que me puedo hacer con él si se pone violento. ¿Qué coño haces aquí?, le pregunté. Teléfono, mi casa, me respondió. Vale, lo de conversar no es lo tuyo. ¿Y ahora qué hacemos? Entonces se me iluminó. Esto no pasa todos los días. Es una oportunidad. Oye. Alguien debe dar mucho dinerito por verte, ¿cómo te llamas? / Teléfono, mi casa/ ¿Esto qué es? ¿Una oferta de Jazztel?/ Teléfono mi…/Que sí, que sí. Mira, no te muevas, voy a hacerte unas fotos y a moverlas por ahí, a ver si sacamos algo de esto. Y las envié a varios programas de televisión, ninguno daba un duro por mi extraterrestre. ¿Es bolivariano?, me preguntaron algunos. ¿Ha sido maltratado por mujeres u okupas? Si no es así no es noticiable, me dijeron. En Cuarto Milenio tampoco lo quisieron porque las fotos no estaban lo suficientemente desenfocadas. Entonces recordé lo de esa universidad que pagan por cuerpos para diseccionar. Lo sé porque cuando murió Jorge no tuvimos dinero para el entierro y lo llevamos allí. Así que miré a esos enormes ojos que habían cruzado la galaxia, lo envolví en una manta y lo subí a la bicicleta. Tenía la batería justa, pero era de noche y sin tráfico llegaría sin problemas. Por el camino se portó muy bien, la verdad. De vez en cuando decía lo del teléfono-mi-casa y con el dedo señalaba la contaminación iluminada por las luces de la ciudad. Dando pedales en esa ocasión excepcional pensaba, ¿qué curioso, no? Las cosas de la vida. Llegas a tu cuarto un día y ¡hay un extraterrestre! ¿De dónde vendrá? ¿Cómo será su mundo? Deben ser muy lentos. ¿A cuanto les pagarán el porte allí? ¿Serán más baratas las habitaciones? ¿Habrá tanto facha? ¿Qué comen? Cuando llegamos, antes de entregarlo, traté de darle algunos consejos: Cuando te pregunten si tienes alergias diles la verdad, y si has tomado estupefacientes también. Me volvió a mirar con carita de pena. ¿Qué sois, de Languidolandia? Mira tío, lo siento, no te entiendo y estos pagan una pasta por ti. No sabes lo cara que está la vida por aquí. Lo de ir a otros mundos no nos lo podemos permitir. Pórtate bien. Teléfono-mi-casa. Que sí, que sí. Y lo entregué a dos tipos con bata que me dieron 250 pavazos. Tranquis, no muerde, pero no sé que trata de vender. No lo volví a ver. A veces me acuerdo de él y pienso en todo lo que debe haber allí fuera, a saber. Tenía que haber pedido más dinero.

KEOPS S.A.

Y Keops S.A. convenció a los gobiernos de aquel frágil planeta que hacer una única pirámide era la mejor solución. Todos trabajando en una causa común, La Gran Pirámide. Gigante, inmensa. Afanándose, tallaron rocas de las montañas y con esfuerzo las arrastraron para apilarlas en geométrica armonía. Las montañas y sus bosques desaparecieron, cosas de la inercia piramidal.

Existía una leyenda que decía que un trabajador heredaría la pirámide y todos creyeron ser él. Surgió un fabuloso mercado de herramientas para trabajar la piedra. Los más pudientes se podían permitir guantes y cinceles de calidad, rucdas y poleas ingeniosas y los menos pudientes se dejaban la vida con sus manos desnudas, pero todos en pro de una causa común, heredar La Gran Pirámide de Keops S.A.

La disidencia era mal vista, como un moscardón incómodo que perturba una merecida siesta de esclavo en la que sueñas con ser faraón. Faraón de un desierto S.A.

¡ENHORABUENA!

Has ganado un viaje al mundo pudiente!
Manda un MSM con la palabra "TONGO" al 5644.
Recuerda, "TONGO" al 5644.

Si el mundo
se acaba en el 2030
me quito bastantes años
de hipoteca.
NI TAN MAL

04. Entornos Futuros

Llueven Micro Plásticos

Las nubes jironadas de algodón se tiñen de todos los colores de la tarde, olea el mar, el viento descansa y mi ansiedad también. Deseo en la distancia, invisiblemente. Los micro plásticos no se ven, los satélites sí.

***

Los magníficos cuernos de un reno contaminado por uranio fluorecen y fosforecen verdiblancos y azules en la oscuridad de una noche invernal de remotos bosques que nadie ve, pero se rumorea.

***

No era fácil, había que perforar la tierra y extraer ese antiguo lodo, quemarlo bien para agrisar el viento y procesarlo para envolver la Tierra entera como un regalo al vacío. El primer orbe plastificado. Felicidades Caos. Felicidades Cronos.

***

Nueva cronoestatigrafía:
Muera el Fanerozoico Cenozoico Cuaternario Holoceno.
¡Viva el Antropoceno hinchable!

Ya queda menos de medio ambiente.

***

La Virgen tiene lágrimas de plástico, llorará por siempre.
Son "forever tears".

***

La población del campo se trasladó a las ciudades- envoltorio para poder deshojar sugus de colores que al viento fingieran ser cometas diminutas. El de piña era azul, como el cielo.

***

Una montaña de besos envueltos uno a uno, reenvueltos en paquetes de seis, reempaquetados cada doce, apilados en grandes cajas de veinticuatro sobre centenas de palés que rellenen miles de contenedores y por millones, en grandes barcos, lleguen frescos y primaverales a sus nuevos dueños, previa transferencia.

***

Inventamos lo nuevo, envuelto. Antes todo era usado; los niños nacían viejos, la fruta pocha y la ropa remendada. Ahora no, now is new.

PLANET B

No lo quise decir antes, pero yo sí tengo un planeta B. No estoy desesperado por salvar éste porque tengo el otro. Es una pena sí, qué se le va hacer. Era muy bonito pero cuando se acaba, se acaba. Tampoco hay que apegarse a las cosas, por muy planetas que sean. No tengo que rasgarme las vestiduras, puedo hacer chistes sobre comer mucha carne y tirar las colillas con desparpajo, gustándome incluso. Teniendo el otro me da pereza cambiar ciertos hábitos y sin leyes ni conciencia social pues, qué quieres que te diga, no voy a inmolarme ante este carnaval arrollador. No me entristezco con esos alarmantes datos de especies extinguidas cada no sé cuántos segundos, sonrío y pienso maliciosamente; "No saben que tengo un planeta B y lo tengo a full, a todo color y variedad, un back up high resolution". Quizá, un día de estos lo haga público y cuando se ponga la cosa más fea puedo organizar visitas y hasta podría aceptar a unos cuantos, incluso a todos, es muy grande. Pero con condiciones eso sí, no tengo un planeta C.

LA ORCA

Le preguntaron a aquella orca que por qué atacaba a esos veleros y su respuesta fue breve y desconcertante: Porque puedo. Y se fue nadando.

AFÁN

Esos viejos árboles con sus retorcidas raíces contaban antiguas historias de monos que apilaban y esculpían piedras. "Creaban enormes hormigueros que se extendían hacia el horizonte tapando la misma tierra y subían hacia el firmamento tapando el mismo sol. Unos monos afanosos que fabricaron nubes negras, tantas, que llovía agua negra y los ríos fueron negros y el cielo negro y no se veía nada y perdieron la capacidad de ver y de admirar colores. Ciegos, a tientas por un mundo oscuro, se fueron separando, perdiéndose y desaparecieron. Fue hace mucho, pequeña flor, pero si pudieses bajar hasta mis raíces más profundas, bajo metros y metros de tierra, verías extrañas piedras negras enterradas por el tiempo y la desmesura de vivir".

DE REPENTE

Y de repente las plantas despegaron. No sabemos explicar cómo lo hicieron y tampoco sabemos hacia dónde fueron, simplemente despegaron. Se fueron hacia el cielo, todas. Los grandes árboles, los matorrales y las pequeñas hierbas, todas las plantas, con sus hojas y sus flores. Se desenraizaron, ascendieron y nos dejaron solos, sin sombra, comiendo tierra.

"Utopista hacia el cielo" era una de esas series de los ochenta donde todo iba bien en este lado del mundo. Impregnados de optimismo hacíamos canciones para bailar con calentadores y cardados, los disparos de la tele no mataban, ¡los zombis bailaban!, we are the world and the children y en los cruceros encontrabas el amor. Si te sentías rebelde te comprabas unas deportivas y una camiseta de una importante empresa con el nombre de un jugador extranjero multimillonario de un deporte que no practicabas y escuchabas canciones cuyas letras no entendías. Lo forrábamos todo en símbolos de paz y anarquía, nos hacíamos crestas y nos poníamos gafas lennon pensando que así follaríamos más. Y follábamos más. Bakunin era un garito. Todos nos amábamos y amábamos a las ballenas porque íbamos a salvarlas. Los dirigentes mundiales se abrazaban y Sting nos enseñaba el Amazonas ¡Ponían La bola de cristal! Teníamos menos de la mitad de lo que tenemos ahora pero el futuro venía con unos colores chillones y llamativos, llenos de sonrisas y horizontes. El mundo en dos, tres, cinco canales todavía nos sorprendía y nos mandábamos cartas. De los noventa y la primera década del milenio me acuerdo poco; Michael dejó de ser negro y fueron como unas navidades continuas de nuevas teles y cacharros, de tu minipimer atari a tu phone station con reconocimiento facial. No sé si fue el efecto dos mil o el apocalipsis maya que detonaron la Contrarreforma. Viendo más de dos mil canales nos olvidamos de las ballenas, dimos por perdido el Amazonas y de repente escuchábamos trap viendo cómo se derretían los polos. Esperando la subida de los mares perdimos un tanto de ilusión y eso, querido niño desconocido, fue lo peor, ¿sabes? ¡Qué vas a saber tú!, si ni viviste el Tercer Gran Cambio, que fue el peor de los cinco. (*El niño sigue mirándolo con la mano extendida, esperando recibir algo, cualquier cosa*) Mira bien, no fueron los cacharros, fue la seguridad lo que nos dolió que nos arrebataran, la ilusión, aunque sea ficticia, de que remábamos hacia un arcoíris de esperanza. Con dudas claro, pero sin miedo. El miedo mató la ilusión y sin ilusión se vive peor. Así que, niñito, este es mi regalo: Busca una ilusión y serás rico. No, no tengo nada para darte...¿A qué hora cierra este búnker? ¿Admiten perros?

TERRAFORMACIÓN

Cuando nos despertamos el polvo ya estaba ahí. Polvo del desierto. Por todas partes. En el aire. Habíamos encadenado varios acontecimientos distópicos y aquello ya no sorprendía a nadie, aun así era sorprendente. Todo cubierto. En los albores de la decadencia de una civilización, de un way of life, el polvo anunciaba la muerte de nuestras pretensiones juveniles, el enterramiento de cualquier utopía y la constatación de que cualquier tiempo futuro será peor. Fueron dos días. Y ya. Y seguimos. A otra distopicosa mariposa.

Los niños no entendíamos aquello. No entendíamos por qué, cada verano, nuestro obstinado padre nos llevaba a aquel lugar. Le gustaba ir a la playa. Ya nadie "iba a la playa" y obviamente menos de día. A 60 grados, con la arena ardiendo, el mar lleno de plásticos, algas, medusas venenosas y por supuesto, la radiación. Aquello no tenía ningún sentido, pero cada verano íbamos. Papá tenía sus cosas.

Gracias a sus contactos conseguía unos permisos especiales que nos permitían salir a superficie, no muy lejos de la costa, dónde alquilábamos una cápsula, nos poníamos los trajes antiradiación y nos enfrentábamos a aquella absurda masa de agua no potable sobre una arena infernal.

"La playa para nosotros solos", solía decir, "A ella le gustaría…" Los niños nos mirábamos en silencio, también echábamos de menos a mamá.

No contento con llevarnos allí, nos hacía arrastrar toda una suerte de pertrechos antiguos: unas sombrillas absurdas, sillas plegables, una especie de caja de corcho con cervezas y refrescos caducados que pesaba muchísimo y también teníamos que extender unas absurdas toallas de colores chillones. A través del intercomunicador nos conminaba a hacer castillos absurdos y a que corriésemos y cogiésemos piedras. Todo muy raro.

Durante las tres horas que duraban las baterías de los trajes, papá se sentaba mirando al mar, abría una cerveza que era imposible que se bebiese y se quedaba ahí, mirando el horizonte, canturreando canciones de su época, extrañando un mundo anterior que nosotros no llegamos a conocer.

2024

"2024" es el título de una novela de ciencia ficción del escritor norteamericano Samuel Walter Wilkins de 1968, un año antes de que el Apolo 11 llegase a la Luna. Para gran disgusto de sus padres, asquerosamente ricos, el autor abandonó sus estudios en Harvard para dedicarse a la literatura fantástica. En "2024" dibuja un futuro plausible donde la Tierra está dominada por androides que tienen esclavizada a la humanidad superviviente. De forma similar a los Minstrel Shows de finales del XIX los androides hacen espectáculos de mal gusto parodiando a los humanos pero los propios humanos son mejores parodiándose a sí mismos por lo que se forma una compañía que hace las delicias de los robots, ávidos de entretenimiento. Lo que no saben las inteligencias artificiales es que la compañía es la cabeza de la Resistencia Homínida que lucha por recuperar el planeta. ¿Lo conseguirán?

Samuel Walter Wilkins desapareció en 1971 abducido por una nave cicladiana en una carretera secundaria de Arizona, flanqueada por maizales. Queremos pensar que está bien.

Asteroide Psyche

En Octubre de 2023 la NASA manda una nave para explorar el asteroide Psyche que orbita el cinturón de asteroides entre Marte y Júpiter, a 450 millones de kilómetros de Soria (aprox.). El asteroide, por lo visto, contiene minerales valiosos por valor de 10.000 billones de dólares. Gracias al sistema de propulsión Hall-solar-eléctrico la nave llegó en menos de seis años con la primera intención de orbitar esa enorme roca de 222 kilómetros (0,6 veces la distancia entre Soria y Albacete, aprox.). La idea original era estudiarlo para más adelante comenzar la prometida minería espacial. En la misión participan muchos fondos privados que instaron a suplir la autonomía de la nave y ciertas modificaciones. El plan B de los accionistas, una vez confirmada la enorme riqueza del asteroide, era acercarlo. Para acotar tiempos de beneficio con la mínima inversión, en vez de enviar las posteriores naves de extracción tan lejos resultaba más rentable acercarlo a una órbita cercana y así los beneficios llegarían antes. Ganó el Plan B. La nave se ancló en el asteroide y gracias a su propulsión lo sacó de su cinturón para iniciar el viaje a las cercanías de la Tierra. Los accionistas hicieron muchos números. Instalar una fábrica minera en el espacio no es barato. Más allá de la órbita de la Luna era caro y tras estudiar las diferentes órbitas geoestacionarias se dieron cuenta de que seguía siendo una gran inversión. A alguien se le ocurrió la genial idea de estrellarlo en la misma Tierra. Traer el tesoro a la puerta de casa, genial, máximos beneficios. El plan entusiasmó a los inversores, pese a que técnicos y científicos señalaron que era "poco apropiado" estrellar un asteroide en la superficie terrestre, máxime de este tamaño, podría significar la extinción. En una balanza se colocaron la posible extinción —no confirmada— y los tremendos beneficios —confirmadísimos—. La Junta no tuvo dudas. En el año 2035 la tierra fue, durante unos instantes, enormemente rica.

TRES REYES S.A.

Tres empresas petroleras construyen una máquina del tiempo para presentarse unos dos mil años antes ante una desahuciada familia con regalos y dinero para que su bebé lidere una revuelta infructuosa y se convierta en el mártir de una nueva creencia que, desde la clandestinidad, llegue a convertirse en la religión oficial de un Imperio romano desgajado y, posteriormente, en la religión oficial de una Europa que colonizará el mundo liderando una revolución naviera, armamentística e industrial que, a la sazón, le permitirá iluminar ciudades contaminando con carbón, con aceite de extintas ballenas y finalmente, con el petróleo del mismo desierto donde fueron a ofrecer, disfrazados de arcaicos reyes, sus regalos interesados a la familia cuyo hijo querían sacrificar. Un plan brillante.

Desgraciadamente se constata que la gente sigue dejando basura en los parajes más bellos. También. Latas y colillas llevan la delantera, aunque le siguen muy de cerca envoltorios plásticos, esos que tardan mil años en degradarse. Sean o no locales, esas personas desprendidas manifiestan una sorprendente paz espiritual. Ellos son más importantes que todo, que el agua, que el aire, los animales y las plantas. Son el centro de un universo hecho para ellos, un universo servicial, esclavo de sus caprichos. Tan regios que no pierden un instante con la empatía. Tan divinos que viven solo el presente, intensamente, negando futuros. Su libertad y confort por encima de todo. Sus majestades no van a perder el tiempo recogiendo su basura, por muy pequeña o grande que sea, los monarcas no hacen esas cosas, no muestran debilidad ni deferencia. Tiran la colilla y punto. Larga vida al rey. ¿Futuro? Eso no existe.

***

Cuando veo una colilla en el campo pienso en la madre de ese fumador. Y en su padre. Intento dilucidar qué han hecho mal, qué ha podido ocurrir o si no fueron ellos, quizá fue su colegio, sus malas amistades o erróneas lecturas y malas decisiones a la hora de decidir que programa ver. Alguien tuvo que meterle la idea de que tirar una colilla no es ningún despropósito. Eso, o fue una idea propia, una suerte de línea de pensamiento original que lo llevó a esa conclusión, tirar la colilla. Algo pasa ahí porque no es normal. En el campo no pasan los barrenderos ni hay papeleras, pero en la ciudad me ocurre también, enseguida empiezo a abrumarme de tantas colillas y envoltorios como hay. Me estreso pensando en tantos padres, tantos colegios, centros educativos, ejércitos de malas influencias, lecturas y programas de televisión, todos colaborando para que esos fumadores no vean nada raro en el descuidado y ágil movimiento de arrojar una colilla. Abrumado, apunto mis iras al fascismo creciente y me surgen los mismos pensamientos, pienso en su madre. Y en su padre.

***

Estás en una terraza, fumando, y no hay cenicero ni papelera cerca. Puedes: 1. Levantarte a buscar un cenicero/papelera 2. Pedir un cenicero. 3. Apagarlo en el suelo o en la suela de tu zapato y guardar la colilla en el sobre vacío del azúcar o del botecito absurdo e individual del aceite o en una servilleta o en la funda plástica de tu tabaco o por último en bolsillos desprestigiados de tu mochila o ropa (no recomendado) y por ultimísimo puedes comértelas, enredarlas en tu pelo, introducírtelas por las fosas nasales u otros orificios personales pero nunca, nunca las tires al suelo. Es mejor que te las metas por el culo (uno de los orificios anteriormente citados). Caben muchísimas, más de las que te imaginas. Con chicles y envoltorios pasa igual, te caben. Latas también.

***

Te caen muy bien los delfines pero tiras las colillas al suelo.
Confiésalo, te la sudan los delfines. Que les jodan.
Y a las putas tortugas.

Lo de perder la juventud sorprende, aunque sea de esperar. Si tienes suerte y vas sobreviviendo es lo normal, es parte del diseño y no te queda otra que asumirlo, por muy aprensivo que seas. Asumir un nuevo cuerpo viejo forma parte del contrato. Perder estaciones es menos normal. Quedarse sin otoños ni primaveras es algo a destacar, saldrá en los libros, si los hubieren. Las estaciones, que eran cuatro, pertenecían al diseño original, aquel que los abuelos de nuestros abuelos conocieron y ahora está cambiando. Fue el diseño que nos dio el pulgar oponible, las ganas de follar, el hambre, la sed, los chakras y otras cosas viscosas (tienen que ver con el baile sideral de cuerpos celestes y con el frágil equilibrio térmico de una finísima atmósfera que rodea el orbe que nos toca). Deprimirse por ello sería una estupidez, no arregla nada, y alegrarse parece una opción un poco psicópata. ¿Cuál es la actitud adecuada para afrontar un mundo tan cambiante? ¿La indiferencia? ¿Resignación? ¿Acciones terroristas? Plinio el Joven sobrevivió a Pompeya, escribió sobre ello y siguió con su vida (Plinio el Viejo, su tío, no lo consiguió). Infinitud de sapiens han sobrevivido a autenticas barbaries y hecatombes y rehicieron sus vidas. No hay otra. En nuestro diseño figura la imperiosa necesidad de ser feliz, o por lo menos no muy infeliz, se sobrevive más así y los genes lo saben. Te atiborran de drogas y tu pragmática razón subjetiva encontrará razones para vivir en cualquier situación, por muy apocalíptica que sea. No me voy a inmolar por el calentamiento global (ya lo hará él, si llega el caso).

Tampoco voy a entrar en la histeria, no soy un iceberg flotando hacia mares tropicales. Soy un proletario con ínfulas burguesas que vive razonablemente bien, todavía... A mí me gustaban esas estaciones, pero también me gustaba una chica en el instituto que no me hizo ni caso y seguí con mi vida. Haré lo mismo con las estaciones. Nadie se inmolará en nombre de las estaciones perdidas. Las extrañaremos, surgirán nuevas frases hechas y seguiremos con nuestras vidas y muertes correspondientes. No saldremos, pistola en mano, a disparar al ocaso gritando "me cago en el misterio", nos adaptaremos. "Si alguien tiene fe en la humanidad es que no ha asistido a una reunión de vecinos" es una frase genial que se atribuye a Woddy Allen y que no augura ninguna esperanza de que veamos un movimiento mundial para revertir o frenar esta locura. El auge fascistoide tampoco promete que los niveles de empatía reverdezcan ningún bosque y al liberalismo suicida no lo acotará ninguna ley. De igual manera que cuidamos nuestros cuerpos - a pesar de su muerte anunciada-, podríamos cuidar también la casa que nos habita, mientras dure. Algo así como una máxima, una cruzada, una yihad común. Algo que de cierto sentido al hecho de ser "humanidad", que ello signifique, aparte de vendernos cosas y comernos unos a otros, "los que cuidan su entorno". Sería bonito. Nos hacemos mayores, afortunadamente. Y el mundo cambia, como siempre. Chupito.

En no mucho tiempo la cosa cambió. En realidad fue bastante rápido, los paraguas pasaron a ser sombrillas de un año a otro. Los del norte, sorprendidos, hubieron de aprender a andar por la sombra, pues no tenían costumbre. Las tradiciones celtas se tropicalizaron, las hayas se museizaron y surgió un caribe cantábrico de palmeras y pitas. Los del sur pintaron cuadros de lluvia, para recordarla. En la meseta se plantaron grietas. Anchos sombreros y la manga larga y vaporosa dominaron las modas de los siguientes milenios. Los calcetines gordos cayeron en desuso y nunca más hubo albornoces peludos. El mundo se hizo nocturno y alevoso, se agrandaron las pupilas y casi nadie paseaba bajo el sol de mediodía. Nos vampirizamos. Sin embargo la gente, obstinada, seguía enamorándose en noches de estrellas, en días de pasillos, aulas y descansillos. Amores en sombra. Los niños inventaban juegos nuevos, de lunas y recodos y los mayores se la pasaban barriendo y contando historias esperando el atardecer. A las tres de la tarde de un miércoles de agosto, entre el gentío de una ciudad sin sol, dos miradas coquetas confirman que incluso a cincuenta grados, la vida sigue. Por la sombra.

CALENDARIO

Me llama un colega del 2020 y me pregunta que cómo pinta el 2021. Bastos. Pintan bastos, le he dicho.

2021. La Pandemia, asaltar El Capitolio y pasear a lo Admunsen por el Madrid polar me tienen agotado. Creo me voy a saltar el ataque de los pájaros de la próxima semana y así me reservo para la invasión de los ultra cuerpos o el meteorito de primavera, ahí voy viendo. A los zombis voy fijo.

BALLENAS Y ROTONDAS

—Entonces... ¿Me dices que elegíais representantes que odiaban lo público, el amor libre, las políticas de sostenibilidad y ecología y defendían la obscena acumulación de riqueza de unos pocos?
—Así es
—Me pinchas y no sangro. Cuéntame otra vez eso de que chupabais palitos ardiendo y que exterminabais ballenas para hacer rotondas. No me cabe en la cabeza.

LYCRA INVASION

La invasión alienígena de aquella isla les pilló desprevenidos. Nadie imaginó que todos aquellos ciclistas fuesen, en realidad, extraterrestres. Nadie pudo adivinar que esos cascos ergonómicos escondían enormes tentáculos y que bajo esas grandes gafas había cientos de pequeños ocelos. Tenían que haberse dado cuenta. No era normal esas vestimentas ajustadas con absurdos logos y esas zapatillas que les hacían parecer patos que bailaban un arrítmico claqué. Tenían que haber advertido el inusual número de ellos que subían y bajaban por todas las carreteras de la isla. Decían que venían de Europa e incluso algunos desde América. ¿Cómo no lo vimos venir? ¿No hay carreteras allí? ¿Es realmente alemán lo que hablan en las terrazas? Cómo saberlo… Además, ¿quién sabe alemán? Estuvieron estudiándonos durante años detrás de sus gafas polarizadas, preparándose para el gran momento. El día señalado, juntaron sus flamantes bicicletas que conformaron unos fabulosos transportes armados con una tecnología fuera de nuestro alcance. Se quitaron los cascos para desplegar sus tentáculos y al desprenderse de las licras de compresión sus cuerpos de insecto galáctico se liberaron. Eran enormes, muy superiores a nosotros en tamaño y fuerza. Fue imposible tratar de impedir que compraran las mejores casas de la isla y nadie se atrevió a competir con ellos en primera línea de playa, sus enormes toallas lo ocupaban todo.

CIUDAD SOÑADA

La ciudad se levantó extraña. No fue una rareza climática de altas o bajas presiones, mañanas de niebla o sol radiante, frío o calor. Era otra cosa. Durante la noche hubo sueños anómalos y al amanecer sus habitantes ya no fueron los mismos. Eran ellos sí, con sus fisicidades particulares y sus documentos en regla, pero habían cambiado. Todos.

Es difícil describir el cambio psicológico que aconteció a la población de aquella ciudad. Mercedes, por ejemplo, concluyó que todo le parecía borroso, mentalmente borroso. Daniel, sin embargo, lo definía como un sentimiento de dispersión de pensamientos, alguien le había robado la concreción. Lucía, hablando con su madre Carmen, le explicó que pareciera que el determinismo había muerto.

Todo parecía relativo y era muy difícil ser categórico en nada. Uno tras otro en aquella urbe se sintieron diferentes, raros. Cayeron los dogmas y las seguridades. Todas las miradas albergaban la duda razonable y todo lo mirado devolvía más preguntas que respuestas. Las pequeñas acciones que se repetían una y otra vez resultaron anodinas. El desayuno, extraño. Vestirse, raro. Bajar a la calle, rarísimo. Todo lo construido por el hombre causaba extrañeza. Todos esos coches aparcados, del todo absurdo. ¿Por qué hemos hecho esto así o asá?

Las calles se llenaron de gente que miraba los edificios con desconfianza, sospechaban del asfalto y de las alcantarillas. Tan solo los árboles causaban admiración, una nueva admiración, como si se hubiesen inventado esa misma mañana. Muy pocos llegaron a sus trabajos, todo había dejado de tener sentido. Rellenar horas, informes, responder al teléfono o acarrear objetos de un sitio a otro, todo raro. Un estanquero se quedó horas mirando la persiana bajada de su comercio sin entender. Un ejecutivo miraba la brillante pantalla de su ordenador lleno de cifras y gráficos que por primera vez no le decían nada. Un repartidor se quedó absorto mirando una rotonda. El frutero nunca llegó a abrir, intrigado por el cielo. Las melodías chirriantes de los supermercados nunca sonaron. Muy pocos se metieron en un ascensor.

Al principio, cada uno de esos ciudadanos pensó que era una cuestión suya, pero poco a poco resultó evidente que todos sufrían la misma enfermedad. Un mal extraño e intangible que desproveía de sentido los quehaceres diarios, los recorridos regulares y las actividades infinitamente repetidas. Como una nueva distopía de Saramago, pero más amable y menos trágica. No hubo revueltas ni violencia, la relatividad impuesta limaba toda aspereza fundamentalista, los odiadores siquiera entendían las razones de sus prejuicios del todo irrelevantes en aquella mañana indeterminista.

Aquella mañana los demás resultaban interesantes, acostumbrados a quitar de importancia la increíble variedad de personas que habitan una urbe mediana. Esta nueva "enfermedad" realzaba la sorpresa y curiosidad ante tantos "yos" distintos. Muchos se miraron por primera vez queriendo decir algo, pero sin saber qué. Todos los adultos miraron el mundo que habitaban con los ojos de un alienígena recién llegado, con la mirada de un viajero de tiempos remotos, sin entender. Todos tuvieron la sensación de vivir en una gran mentira, perplejos ante una gigantesca farsa producto de azares locos, como si el mundo fuese un gran parque temático de cartón. Un mundo de Alicia. Si se hubiesen transformado en insectos no mostrarían más sorpresa.

Hubo una llamativa excepción. Los niños. Los niños no despertaron aquella mañana, siguieron durmiendo plácidamente y los colegios y guarderías nunca se llenaron de algarabías y pizarras pintarrajeadas.

Pasado el mediodía esta anómala sensación se fue evaporando poco a poco y pronto volvieron a sus vidas rutinarias y concretistas. Aún así, quedó el poso de que el mundo, fuera de uno mismo, era inmenso. Se dieron muchas respuestas y teorías sobre lo que aconteció pero pronto quedó claro que lo que ocurrió aquella mañana es que habían sido soñados por niños.

Hubiésemos llegado al puente si no fuese por la ketel. Yo ya tenía el coche arrancado, pero Mónica y su madre no bajaban. No había tiempo. Estaban cada vez más cerca. Subí a ver que demonios pasaba y ¡estaban discutiendo! No me lo podía creer.

Dani.- ¿Qué hacéis? Están llegando. ¡Hay que largarse ya!
Mónica- Mi madre, que quiere llevarse la ketel y todas las ollas..
Dani.- Maribel...
Maribel.- ¿Habrá que comer no?
Mónica.- Dile algo, a mí no me hace caso...
Dani.- No tenemos tiempo...¡Vámonos ya! Con lo imprescindible, ¡pero ya!
Mónica.- ¿Ves mamá..?
Maribel.- Comer es imprescindible.
Mónica.- ¿¡Mamá, no entiendes?! Son alienígenas...
Dani.- Mónica...
Mónica.- A-L-I-E-N-I-G-E-N-AS
Maribel.- Como si son del Paraguay... ¡Comer se ha comido siempre!
Dani.- Chicas...
Mónica.- Y vienen a exterminarnos mamá, no vienen a probar tu guiso, ni tus croquetas...
Dani..- Hay que irse...
Mónica.- Por favor, deja todo eso y VÁ-MO-NOS-MA-MÁ.
Maribel.- No puedo... Si hubiese hecho unos sándwiches para el viaje... ¿Dónde vamos?

MÓNICA.- ¡Está loca!

DANI.- Maribel, Maribel, no es ninguna excursión, es una huida...Están arrasando...Son como insectos gigantes...Y tenemos que irnos ya.

MARIBEL.- ¿Dónde vamos?

DANI.- Da igual, lejos, donde no haya bichos...

MARIBEL.-Pero... ¿Qué vamos a comer? Yo puedo cocinar...

MÓNICA.- ¡Ya está bien! Arrastrémosla entre los dos...

DANI.- Espera, espera. Maribel. Mírame. Es una situación extraordinaria. Si salimos pronto encontraremos un sitio donde comer e incluso cocinar...No son las únicas ollas del país...Vente, vamos ya...

MARIBEL.- Pero... ¿Quiénes son?

DANI.- Es como en las películas Maribel. Unos bichos de otro mundo.

MÓNICA.- Invasores mamá, invasores del espacio.

MARIBEL.- ¿Y para qué quieren mi casa? Yo no le he hecho mal a nadie.

MÓNICA.- Yo flipo...

DANI.- Claro que no Maribel, pero como te decía, es algo extraordinario y la gente se está reagrupando al sur...Tenemos que ir al sur...

MARIBEL.- ¿Y qué vamos a hacer en el sur?

DANI.- Sobrevivir Maribel, queremos sobrevivir...

MARIBEL.- Yo...puedo cocinar...No puedo hacer mucho más.. Si no puedo cocinar prefiero quedarme aquí, no creo que esos bichos tengan nada con una vieja como yo.

Se le humedecieron los ojos y entendí que no iba a cambiar de opinión. Estaba sobrepasada. Pobre mujer. Si quería llevarse todas esas ollas y los juegos de sábanas de su boda no pensaba contrariarla más. Con el miedo a morir bastaba, no hacía falta añadir crueldad ninguna.

DANI.-De acuerdo.
MÓNICA.-Pero Dani..
DANI.- Moni da igual. Bajémoslo todo, todo lo que entre ¿Son todas estas bolsas?
MARIBEL-Sí...Y esas maletas...
DANI-Venga Moni, dos viajes. Vamos, vamos, vamos.
MÓNICA.- Yo flipo...

Y en dos viajes llenamos el coche hasta los topes. Parecíamos chamarileros. Arranqué y Maribel preguntó: ¿Y la ketel? Mónica y yo nos miramos. Para las infusiones, dijo. No sé porqué lo hice. Subí a por la ketel y cuando bajé ya era tarde. Escribo esto desde el campo de prisioneros XJ145. Al final no nos tratan tan mal y gracias a Maribel comemos bastante bien.

05. Pandemias

La Ciencia Ficción ha muerto.
¡Viva el Realismo Distópico!

Señales
(Tres días antes del ataque de los pájaros)

Los perros me ladran
Los mosquitos me pican
Las orcas atacan mi velero
Mi gato no se deja acariciar

***

ÚLTIMO MOMENTO, aquí viene. No, no. ¡Viene otro ÚLTIMO MOMENTO! Esperen, vienen más. Se acerca un ÚLTIMO MOMENTO. Un momento...¡Sí señores! Un ÚLTIMO MOMENTO más. ¡Qué locura! ¿Cuál será el último de estos ÚLTIMOS MOMENTOS? No paran de venir. Pareciera que... Sí, sí, sí...¡Por fin! ¡El ÚLTIMO MOMENTO!

***

He realizado un vídeo llamando a la calma a toda la población mundial. Me lo pongo de vez en cuando para no sentirme tan solo, y calmarme.

***

¡Esto no es un atraco! La mascarilla es una medida sanitaria... ¡No levante las manos! ¿Por qué se tira al suelo? ¡No quiero tu móvil! Bueno, cincuenta euritos me vienen bien...

DÍAS LOCOS

Fue uno de esos días entre lunes y domingo. Días en los que el cielo está arriba y hay que caminar por abajo. Sabes de lo que te hablo. Días de respirar y sentir la gravedad. Sístole y diástole, up and down. Esos días que empiezan por la mañana y cuando cae la noche acaban. Días sin rotondas para el viento. Días enteros, sin prejuicios. Días a los que no les falta ni sobra un minuto. Días que ni discuten, ni aprueban, ni te dejan dinero. Días que no caben por un colador y sin embargo se escurren, como peces. Días que siguen a otros días, persiguiéndose. Días locos. Días, nada más. Fue uno de esos. Buenos días.

CONFINADO

Confinado, empiezo a reconocerme como un mueble más de la casa. Saludo a las ventanas por la mañana, acaricio las mesas e interrogo a las estanterías. Juego a las cartas con las sillas y con la vajilla comentamos todo lo que nos cuenta la tele. Las puertas, con sus preguntas directas, acotan mi libre albedrío. El falso parqué siempre murmurando. El baño se la pasa cantando, desafinadamente alegre. La cocina, muy digna ella, casi soberbia, siempre dando consejos aunque no se los pidas. El pasillo se cree el protagonista, demasiada autosuficiencia. Con el sofá tengo las conversaciones más interesantes y en mi lírica habitación viven los sueños y fantasías. La puerta de la calle está muy seria, como un guardia del Vaticano.

AAA

La Asociación de Amigos de lo Ajeno (AAA, como las pilas) se suma a las voces que piden al Gobierno una desescalada rápida que les permita reanudar su actividad.

"Somos profesionales, la mayoría independientes, y necesitamos volver al trabajo lo antes posibles, a nosotros no nos dan Ertes", manifestó su presidente antes de salir corriendo con nuestro micrófono.

"Entendemos el caso de excepcionalidad, pero con distancia de seguridad, nuestro oficio es prácticamente imposible" Manifestó el vicepresidente desde la comisaría de la calle Luna. "Cumplimos con casi todas las normas", "Usamos guantes y máscaras", "Si abren los bancos nosotros también", corearon voces encendidas frente a la página web del Gobierno (Alguien conectó una radio de coche sin dueño en una batería extraviada).

En la Junta telemática que se realizara ayer se expusieron los casos dramáticos de familias que a falta de sustento, se han visto obligadas a pedir, que es peor que robar si tienes tu orgullo. También se realizaron interesantes observaciones sobre la adaptación a los nuevos tiempos; El hurto por descuido con palo de selfie (versión seguridad dos metros) no está dando los resultados esperados afirmó el presidente de I+D mientras lo esposaban. "En todos los test realizados, el hurto con mampara no resulta, te pillan", dice el teletipo del abogado de oficio del 2do responsable de I+D que llegara a nuestra redacción esta madrugada. En definitiva, un sector artesanal más que mira al futuro cercano con preocupación y pide medidas al gobierno para que les permitan capear la crisis. Y no lo va a tener fácil.

Su versión telemática, el hurto a distancia, está copado por la AAAVB (Asociación Amigo de lo Ajeno Versión Bursátil, que cubren el 98% del los hurtos planetarios) ha realizado por su parte varias declaraciones desde paraísos fiscales desligándose de la AAA y manifestando su disconformidad con las ayudas sociales promovidas por el gobierno. Como los obispos.

[Nouwei]

En Texas un grupo de civiles armados han cortado varias avenidas y se apostan detrás de barricadas dispuestos a recibir al coronavirus a balazos. El secreto es dispararles en la cabeza se gritan unos a otros: ¡Shoot them in the head! [Shudmndahed], Let´s kill that fuckinkg chinese virus [Ltskildafkinchainisvairus], Yeah, [Yah].
Reina una atmósfera de camaradería que no entenderías. Hay una finalidad en todo esto [Dersarison], una razón de ser, la respuesta de muchas cosas que sólo ellos saben. No entenderías. [Yunonou] A ti te han comido el coco y no quieres ver. Vendrán esos virus chinos y te violarán, pero a ellos no, porque están preparados, [Deirredi] y tienen lo que hay que tener. Ningún virus, fuera como fuera, iba a entrar a Crystal City. No way.

John Connor corre por su vida, perseguido por un Terminator del futuro modelo T-800. En los callejones se tropieza con la Teniente Ripley que huye de un Alien obsesivo.

El blade runner, Rick Deckard, todavía en shock porque las palabras más bonitas de su vida se las ha dicho un replicante Nexus 6 antes de morir, les hace señas desde la terraza de un bar.

-¡Eh! ¡Vosotros dos! Venid a la terraza ¡Aquí no pasa nada!

Se piden unos vermús para celebrar que por fin están a salvo de los peligros distópicos. Si los dinosaurios hubiesen tenido terrazas de bar no hubiesen desaparecido y ahora otro gallo nos cantaría, uno de veinte metros.

Kirikikiiiii

Pío, pío

Muuuuuuu

NO ESTAMOS SOLOS, ESTAMOS CONSPIRANOICOACOMPAÑADOS

***

El mago magufo
De una chistera
de intrincada teoría,
datos sin contraste,
y fes vehementes
sacó un clavo ardiendo.
Su público aplaude
y mientras orinan
el tiesto está seco.

***

Qué envidia me dan vuestras certezas. ¡Cuánto renombrado analista! Qué lujo vivir al margen de la duda, salud de otros mediante. ¡Cráneos privilegiados! No hay abedules ni higueras para tanto iluminado.

***

Escuchar está sobrevalorado.
Mi opinión es mi ocurrencia.
Que contrasten los fotógrafos.
La inmediatez es el criterio.
La profundidad para los pozos.

Flop, flop, flop

Generación tras generación las gomas fueron empujando las orejas cada vez más cerca de la nariz hasta quedar como anteojeras de caballo, junto al mirar. Limitando. Y se oirán sus propios pestañeos. Y lo periférico les dará igual. Y un considerable ahorro en gomas.

06. Soflamas

Pregunta;
¿Mantener bancos privados con fondos públicos
es un poco de giles, no?
Es para unos amigos, gracias.

La vida

La vida es milagrosa y frágil. Los ecosistemas son frágiles y las civilizaciones también. Una llamarada del sol, un pedrusco vagando por el espacio, una IA enloquecida, un imbécil con megáfono, una pertinaz acción contaminante, un ligero cambio en el clima, una sequía prolongada, un terremoto, una bomba, una fe absurda o un volcán bastan para acabar con el milagro. Por eso no se entiende tanta queja, egoísmo y cerrazón en los felices intersticios de esta maravillosa y accidentada desgracia. La vida nos sonríe, estamos vivos. Un poco de saber estar, por aquello de... ¿No?

Colmolandia

Lo menos diver de vivir en Colmolandia es cuando ves la montaña rusa de la desfachatez más grande del mundo, con sus luces, curvas y destellos, y viene alguien a decirte que no es desfachatez, que no son mentiras, que no es robar, ni prevaricar ni hacer apología del odio, que desahuciar ancianos y matar niños no es tan malo. Al contrario, que es justicia y que habría que hacerla más grande y luminosa. La desfachatez de la fachatez. El colmo en Colmolandia. El algodón de azúcar lleva algo, cuidado con los niños.

El jefe

Pagas a unos políticos y te roban. Pagas una sanidad y los políticos que pagas la privatizan y te roban. Pagas una educación y los políticos que pagas la privatizan. Y te roban. Pagas unas pensiones y las privatizan ¡para robar más! Pagas a unos especialistas para que te defiendan y te pegan. No queriendo pagas una monarquía. Pagas, pero los ricos pagan menos, algunos nada. Pagas una televisión pública y te miente. Intentas decirle a tus empleados -que pagas tú- que así no y te pegan, te roban y te mienten. Pagas tú, siempre. Como jefe se te queda cara de gilipollas y está claro que esto de los negocios no es lo tuyo.

Cubicar

Fui a ordenar los armarios y es imposible porque los tengo llenos de decepción política. Casi siempre, después de unas elecciones, se me acumula y la voy cubicando como puedo. En las últimas autonómicas se generó tanta que empecé a guardarla bajo la cama y en los resquicios libres de las estanterías. Este año ya no sé donde. La he ido atando al techo y ahora tengo nubes de decepción por toda la casa. Podría prescindir del cajón de los calcetines, quizá, o no usar la lavadora. Si no entra tendré que colgarlas en el balcón. No me gusta airear mis miserias pero ya no cabe nada más. Me pregunto si los filofascistas tienen sus salones llenos de ilusión. La resignación es un color horroroso para la paredes, prefiero la derrota decepcionante. Ya cubicaremos.

No cabe

Hay veces que no entra, o la cosa es muy grande o el coso muy pequeño y la cosa no cabe. Puedes intentarlo; estirar, dilatar, calzar, lubricar, pero nada. No entra. Puedes probar con amables palabras; Venga, ya verás como sí, inténtalo, tú puedes, un poco más, eres un campeón... y nada. La cosa no se ajusta al coso. Yo debo tener la cabeza pequeña, muchas cosas no me caben. Pone "salir antes de entrar", pero hay gente muy ansiosa, no entiendo. Informarse con desinformaciones... Cuánto menos raro. Tengo muchos prejuicios y una cabeza pequeña. Si tuviese dos, si fuese bicéfalo como un águila bicéfala, tampoco podría ver a esos tertulianos venenosos de prime time. No me entran, no les compro. Lo mío es cerrazón. Bicerrazón. Si, trabajando en el peaje del Hades como cancerbero de tres (¡tres!) cabezas y el botoncito que levanta la barrera al más allá, intentan meterme determinada propaganda, me cierro. No puedo. La barrera no me sube. Es superior a mí. Mis tres cabezas romas y obtusas son muy limitadas. Ni siendo una hidra ctónica y rencorosilla de tres, cinco, siete, nueve o novecientas noventa y siete cabezas -muy policéfala en números primos-, me entrarían ciertas cosas. Me piden que vote a talibanes latrocidas y alucino. A más de la mitad de los votantes no les importa que tomen las instituciones para "sus cosas" y se abstienen. Triste. Muchos les votan y eso ya hace que explote mi cráneo regulero y jibarizado. Debo ser estrecho de miras, limitadito. No sé como lo hacen. Igual necesito una episiotomía craneal inversa, cortar para meter toda esa mierda y coser luego, para que no escape. Rellenar el coso como a un pavo muerto. Y meterle ciruelas. Quizá sea una cuestión de hacer espacio, como en el disco duro de un ordenador. Habría que borrar, tirar a la papelera, conceptos como "Robar es malo". Trash. O "Sociedad igualitaria", a la mierda. ¡Sálvese quien pueda! Habría que eliminar también esa estúpida ternura hacia los más indefensos, niños y ancianos. ¡Que les jodan! Abrazar el éxito individual, amar la inversión armamentística y enamorarse de un yo violento y despiadado. Seagalizarse. ¡Muerte a la empatía! Y por supuesto, la radical idea de que es mejor una sociedad sin pobres hay que eliminarla del todo. Delete. Así pues, la cosa y mi coso distan mucho. Por lo visto somos minoría. Felicito a aquellos que sí tienen esas tragaderas, a aquellos que les entra todo, sin prejuicios, sin contrastes. Aquellos que tienen el coso más grande que un bebedero de patos, más grande que la bandera de Japón. Como un ruedo, como el coso de un ruedo. Un sitio donde aparcar autobuses, un parking gigante, sin sombras, un enorme descampao.

INMUNE

Con mi escudo de "Yonovotoporquesontodosiguales" paré el rayo gravitrónico que iba a liquidar a todos esos niños. Luego, con mi indiferencia, asesté un golpe mortal a esos villanos y con mi apatía devolví el mundo a la normalidad. ¿Quién dijo que no votar no valía para nada? ¿Quién se ríe ahora? (Y me río).

VOTA MALESTAR.

Es mejor que no votes. Si lo haces, vota malestar. ¡Basta ya de igualdades! ¡Menos oportunidades para todos! ¡Muerte al bienestar! ¡Por un mundo concertado! ¡Arriba el negocio de la sanidad y la educación! ¡Muera lo público, lo de todos! ¡Vivan unos pocos bien, que se joda el conjunto! ¡Abajo los árboles! ¡Por siempre insostenibillidad! ¡Dios beneficio! ¡Gloria a la especulación! ¡Egoísmo rey! ¡Legalicemos el esclavismo! ¡Genocidios! ¡Derechos para los ricos! ¡Más armas y menos vacunas! ¡Más beneficios bancarios, más multinacionales! ¡Impunidad politicos ladrones! ¡Menos cultura! ¡Libertades las justas! ¡Regalías para jueces prevaricadores! ¡Que se jodan los débiles! ¡Haber heredao! ¡Abajo, más abajo los pobres! ¡Arriba la demagogia interesada! ¡Muera la memoria! ¡Viva la hiel! ¡Viva el odio! ¡Abajo el amor! La mitad de la población ya está convencida. Únete al redil. Vota malestar.

MINOTAURO

Un político propone llevar 20 niños y niñas al minotauro pedófilo psicópata como homenaje a los fallecidos por el Covid. Lo anunció mientras degollaba a la hija de su propio becario. "Total, nos van a votar igual". Y no le falta razón.

SI QUIERES

Si quieres
perpetuar la ranciedad
es mejor
ultra conservar que solo conservar.
Ultraconservando conservas más
y lo peor se conserva mejor.
El moho maloliente,
los olores a cañería,
la podredumbre
la mente enferma,
el patrioterismo
patatero,
pazguato,
gazmoño,
cerril
y venenoso
se crece y envalentona
ultraconservando
sus valores de mierda
ultraconservadora.
Lo peor de ayer
para mañana
Lo fresco no les va,
no les viene bien,
por lo que sea.

LA MENTIRA

Ante la deriva infecta de aquel orbe la Confederación de las Galaxias organizó un Comité de Seguimiento de Derivas Perniciosas. Fue la primera vez que se abordaban los problemas de un planeta sin contactar y eso ocasionó innumerables críticas. La Normativa exigía la no intervención en Civilizaciones No Asociadas (CNA), por lo general, aquellas que no dominaban todavía la tecnología de viajes intergalácticos. El debate fue intenso, pero tras la exposición del informe "Derivas perniciosas del planeta XJ-314a del Sistema 1045RW, Sector 445N" (Tierra para sus autóctonos) la votación fue unánime. Se aprobó la creación del Comité de Seguimiento, primer paso antes de emprender la acción de un Grupo de Intervención Confederativa (GIC). En términos generales, y dada la infinita variedad de sistemas y civilizaciones, la Confederación tenía una política no intervencionista y permitía el libre albedrío en la evolución particular de cada cultura, independientemente de que esté dominadas por una o varias especies. Si bien no era amiga del uso de Tecnologías de Muerte y Sumisión (Las temibles T.M&S) eran raras las ocasiones donde la Confederación injería en asuntos "domésticos". Se aceptaba que una civilización de tecnología superior colonizase culturalmente a civilizaciones menores en pro de su progreso, siempre y cuando no significase su exterminio y dominación contra su voluntad. Había un aspecto cultural que no se toleraba. Desde la creación de la Confederación, eones ha, se había vetado un aspecto desagradable que muchas especies y civilizaciones habían desarrollado, la mentira. La mentira interesada estaba vetada en todos los cúmulos galácticos. Hay muchas clases de mentira, se han catalogado 226 de ellas. Algunos tipos de mentira eran aceptados como "males menores" pero había todo un rango de ellas que no se toleraban. Se consideran el cáncer de toda galaxia. La mentira es a todas luces un germen maldito de filosofías destructivas y es base de toda crueldad. En la mentira crecen los prejuicios más depravados y son las raíces de toda injusticia. No han sido pocas las civilizaciones que a base de bulos y verdades sesgadas han creado una corriente de pensamiento perniciosa para todo orbe. En base a la mentira se han ejecutado los hechos más terribles y anticonfederativos del Universo. Con gran pesar y el voto casi unánime de los aproximadamente 134 millones de especies asociadas a la Confederación no han sido pocas las veces que civilizaciones enteras han sido condenadas al ostracismo y en casos de no redención a su desaparición completa, cuestión esta que no es de agrado de nadie pues si algo valora la Confederación es la maravillosa variedad de un Universo infinito. Pero la mentira no puede ser herramienta de expansión de ningún marco de valores admisible. Ya se han fletado las tres naves del Comité de Seguimiento que valorarán el alcance de la enfermedad que aqueja al orbe XJ-314a del Sistema 1045RW, Sector 445N. Salva a la Tierra, di no a la Mentira.

Electo

"¡Muertos del futuro, escuchadme!" Así empezó el discurso y, claro, la gente empezó a inquietarse. A los muertos tampoco les hizo mucha gracia, son celosos de sus nichos, ataúdes y osarios y no querían una avalancha de nuevos fenecidos que abigarrasen sus moradas eternas. En ese sentido son bastante conservadores, se parecen mucho a los vivos. En la era de la desinformación habían surgido muchos líderes populistas, pero ninguno se había referido a sus potenciales votantes como potenciales muertos. Era arriesgado y tenía razón, pero era arriesgado. Si los muertos hubiesen votado no habría ganado las elecciones.

Cómo llegué a director de la NASA

Un amigo me llamó para hacer una mudanza, había que mover unos archivos y unos papeles de unas oficinas. Eran unas instalaciones muy chulas y nos dieron unas acreditaciones para movernos por ahí. De alguna manera necesitaban gente para pequeños trabajos, chapucillas, así que empecé a ir cada vez más. Un día me compré una bata. Allí son todos científicos e informáticos y están todo el día mirando gráficos en pantallas, muy guay. Me vine arriba, falsifiqué mi currículum y empecé a escalar en la empresa. Es verdad que dicen que no está en su mejor momento, pero joder, es la NASA y soy el puto amo. Puedo hacer y decir todas las tonterías que quiera. Te lo recomiendo: Medra.

Mayonesa y Alcachofa

Y ese líder político, al saludarme extendiendo su mano, me dijo:

—Mayonesa, yo no he dicho mayonesa, hola.
—Hola… ¿Mayonesa?
—Yo no he dicho mayonesa, tú has dicho mayonesa. Sois todos testigos.
—¿Mayonesa?
—No puedes parar. ¡Están enfermos! ¿Lo veis, no?
—¿Qué os pasa?
—Sí, ahora disimula. Muy triste. ¡Esto hay que cambiarlo!
—No estáis bien.
—Alcachofa, yo no he dicho alcachofa, hola que tal.

Esto ya se lo decía saludando a otro que tenía al lado, tan sorprendido como yo. Con la mirada intenté decirle que no dijese "alcachofa", pero lo dijo y el líder montó su show antialcachofa y luego bajó por la calle con su séquito de fotógrafos, diciendo cosas como "Jamás digo nunca y nunca digo jamás", "¡Hacen falta más Diegos!", "Tú me has mirado", "Así sí y tampoco" y desapareció tatareando "La Marsellesa", cosa rara, porque era facha de León.

TITULARES
MACROGRANUJAS, JUECINAZIS Y CHARLATANES.

-En este país tenemos un gran problema con los medios.
-Es usted muy agudo.
-Es que es muy grave.

***

Por un lado están todos aquellos que alientan el fascismo y la destrucción del estado de bienestar y por otro lado están esas piezas plásticas que atragantan a las tortugas y tampoco sé qué otra utilidad tienen. Serían dos lados.

***

Adormecido por el consumo obsolescente sus cielos nunca formaron nubes de protesta y sus bosques nunca más volvieron a rebeldecer.

***

"Tres semanas sin tele" fue un movimiento social que sostenía era el tiempo suficiente para que una sociedad se des-alienase. Pese a que eran muchísimos, con drones auspiciados, los mataron a todos, pero no salió en los telediarios.

***

¿Y qué tiene que ver el amor en todo esto? Proclamó.
¡Eso! ¿Qué tiene que ver? (Todos a coro).

****

Voy a insultar a un pobre. Luego vengo.

***

Las empresas más contaminantes hacen los anuncios más ecológicos.

***

Los fascistas más retrógrados enarbolan la libertad.

***

La verdad de los titulares lleva mentiras.
"¡Amazonas para todos!" dice un empresario tejano.

***

Endesa vuelve a ganar las elecciones.

***

Piedras contra huérfanos deporte olímpico.

***

De todas las crisis yuxtapuestas, la moral es la peor.

***

Retos del futu...Retos.

***

Un sistema en crisis. Una crisis crispante. Una crisis
sistémica. Una crisis rampante, subida a un árbol podado
ayuntamientamente, viéndolo todo.

***

Hay cosas que no son crisis, pero no están en este mundo.

***

No todo es lo material,
también está la energía oscura que desconocemos.

***

La hipocresía es necesaria. Mucha empalaga.

***

¿La paz? Que te folle un pez.

***

La suerte de no saber, o sabiendo no querer,
o queriendo ignorarte.

Si no te gusta el precio de una sanidad privada haber elegido muerte. Miento, le dijo, ya decide la letra pequeña por ti. Y lo desconectó. Eran las normas. El paciente ya nunca saldría de su asombro.

***

Estado de Bienestar Sociedad Limitada.

***

El suicidio como salida laboral camufló los datos del paro. Otra idea brillante de aquel político.

***

Aquella capillita de aquel humilde barrio siempre tenía flores. San Beneficio era un santo esperanzador.

***

Prometió pan y circo. Y se le olvidó el pan.

***

Por llevar banderita dan algo. No sé muy bien qué es lo que es, pero algo dan. Aparte de vergüencita digo. Algo más. Supongo.

***

Torticero. Por definición, que no se ajusta a ley ni a la moralidad. Ejemplo: No es sostenible regalarle a todo el mundo la educación.

***

Negociudad. Los más fuertes proclamaron la ley del más fuerte. Tiene su lógica, su desproporción y su canesú.

***

En su orden reinaba el caos y las altas vallas.

***

En la capital del Imperio la gente se inyectaba insulina para perros. Pobres perros.

Los golpistas se fueron a jugar al golf. Golpistas golfistas celebrando con champán entre hoyo y hoyo. Solo 18 hoyos. No hay que remover el pasado. Hay que tener un buen swing.

***

Se cumplió su sueño y pudo ser camarero de turistas ricos. Cuando se acercaba a servirles podía oler sus exquisitas colonias. Vivía entre dioses perfumados. En el barrio le miraban con envidia.

***

Existen datos muy precisos sobre la acumulación de la riqueza a los que es mejor no prestar atención.

***

Y aquellos sacerdotes subvencionados prohibieron sus propias palabras santas: no más amor, no más "no robarás" y no más "no matarás". Hablaron de agujas enormes por las que solo entrarían unos pocos. Agujas enormes en el cielo para jets privados, los camellos son muy incómodos.

***

Lo peor es la obscenidad. La palabra obscena, el eslogan capcioso. Verbos que se hacen carne en pensamientos cortos, soflamas injustas y opiniones de vertedero que ruedan por bares y colegios. El brutalismo de moda. Populistas y Talibanes. Liebres cobardes nacisteis. Siendo unos pocos mentirosos y ladrones, teniendo nosotros más vida ¿tendremos menos libertad? ¿Qué mierda de ley, justicia o razón es esta? Bárbaros sois, no españoles. Poneos ruecas en la cinta. Traidores. Más amor. Y collejas.

MEDIOCRELAND

Soy como un malabarista, pero en vez de tirar pelotas al aire las tiro fuera. Soy un artista de tirar balones fuera. Soy muy bueno. Tirando balones fuera he llegado muy lejos, siempre arriba. Trepando. No es fácil porque el arte de trepar tirando balones fuera sin que se note requiere de un talento especial. Lo principal es un buen diseño de ascenso, localizar bien los peldaños para trepar, siempre arriba. Normalmente son personas a las que hay que adular y personas a las que hay que eliminar, competencia. Los demás no importan. Todo esto requiere de gran energía, y mucha gente me pregunta que por qué en vez de urdir, conspirar, adular, engañar, ocultar, disimular y trepar no hago sólo mi trabajo. Yo no les respondo, voy por otro lado. A lo mío.

DESCONCIENCIA DE CLASE

Lo de llevar camisetas con publicidad de marcas multimillonarias ya empezó a ser raro en los 80. Lo de la educación concertada (85) fue la puntilla. Cuando se amenazó el bipartidismo (2011) redoblaron esfuerzos y las Mama Chicho se hicieron tertulianas de derechas. Ahora, 2023, tenemos fascistas campando a sus aires en San Fermín y cantando el cara al sol en la tele y los colegios. La publicidad funciona, vaya si funciona.

Cómo Distinguir A Un Megalómano

Columnas por tacones, para realzar su figura. Le cuesta delegar, no sabe delegar, sufre delegando. Bien peinado, sin canas, usa tintes tiranillos. Inseguridad "King size" disfrazada de "hecho a sí mismo". Maltratador de manual: palmadita, amenaza, palmadita. Resopla por el peso de la responsabilidad de tantos siervos que tiene. Búsqueda constante de reconocimiento, auto promo, trauma infantil. Dentro de una caja le llega el sol, nada le hace sombra. No se rodea de gente más inteligente que él. Iluminado y temeroso, cierto sadismo. Anti-contrariable. Trabajólicos por obsesión. Barco que navega lento, de marineros con miedo. Caga pirámides. Servil con los más poderosos, algún día... No es "trabajo en equipo", es "mi equipo trabaja para mí". No es que sea superior, es que los demás son inferiores. Es el elegido, tú no. Morirán solos, como todos.

Hacérselo Mirar

Lo de apoyar privatizaciones yo me lo haría mirar. Si consideras que unos seres humanos están por encima de otros ve a terapia inmediatamente. Y ya, en el colmo absoluto, si apoyas genocidios iría a quirófano de urgencia, a ver que pueden hacer. Por lo menos que lo intenten.

—Parece que no nos vamos a poner de acuerdo.

—Pues no, parece que no.

—Es que es increíble lo diametralmente opuestas que son nuestras posturas.

—Totalmente. Tú, aquí, y yo, aquí. (Hace un gesto de dos manos muy separadas)

—Yo he llegado a pensar que, por mucho que hablemos, nunca nos vamos a poner de acuerdo.

—A mí me ha pasado igual. De hecho, te diría que yo he tirado la toalla al respecto.

—Si es que no hay manera.

—Estamos muy lejos. Y no solo eso, es que además, todo lo que piensas me da mucha rabia.

—¿Verdad?

—Sí, es como que pienso que eres lo peor ¿sabes? Tu opinión me enerva..

— A mí directamente me produce ira. Tu rollo, vuestro rollo, es mi enemigo. Directamente.

—¡Exacto! Y así es imposible ponerse de acuerdo.

—Imposible.

—Totalmente imposible.

(Pausa)

—Porque si te das cuenta, si llegáramos a un acuerdo, por ejemplo, es una hipótesis...

—Una hipótesis.

—Una hipótesis, sí. Supongamos. Si, en cualquier cosa, cualquier gilipollez, nos pusiésemos de acuerdo...

—Muy difícil.

—Muy difícil, sí. Porque, es que si eso pasase se removería todo.

—Explícate.

—Sí, porque sería aceptar que mi enemigo es razonable y eso, pues...sería muy raro.

—¿Ahá?

—Sí. De alguna manera me he acostumbrado. Si de repente no fueras mi enemigo, pues...sería raro ¿No?

—Te capto. Lo que entiendo que quieres decir es que tu enemigo te define y si tu enemigo no es tal, aunque sea por un momento, los límites, tus limites, se desdibujarían y quizá hayas de reformularlos y tomar consciencia de lo frágiles y en parte ficticios que son, pues un simple acuerdo podría desvelar la falacia de una artificiosa altura moral construida con materiales pobres, sin los cimientos firmes de una ideología, filosofía, llamémoslo x, que, aunque con objetivos claros, sepa admitir el voluble espíritu humano y, desde una actitud de construcción y no de enfrentamiento, aborde las diatribas del devenir sin los prejuicios habituales, construidos estos en general por intereses e inercias que mucho distan, en realidad, de dos almas sencillas como tú y yo.

— Sí, algo así, es como esa sensación.

—A mí también me pasa.

—Qué mierda.

—Totalmente de acuerdo. Una mierda.

Fui al kiosko y no, sólo hay una

—Te falta determinación.

—Ya, soy un mar de dudas.

—Mira mis montañas categóricas, sin fisuras, como pirámides.

—Envidiables.

—El sistema está más por mí que por ti, lo sabes.

—Ya.

—Tienes que ser más tajante.

—Pero habrá que consensuar, ¿no?

—Déjate de consensos. La gente quiere una falsa seguridad, no un debate.

—Pero..

—No hay peros. Son como niños, no quieren pensar, agradecen la mano dura.

—No sé.

—Ya sé que no sabes...Mira los kioskos, ¿de parte de quién están?

—Conmigo no, desde luego.

—Pues no, no interesas tío. Les abres un camino incierto y yo le ofrezco certezas que producen ganancias, y eso amigo, vale oro. Literalmente.

—¿No te parece injusto que los beneficios...?

—Y dale. No entiendes nada. Tú y tus abstracciones. Acorta.

—El oro, la riqueza, no es una abstracción.

—Para la mayoría sí, no tienen que saberlo todo, es mejor así. Imagínate millones de personas opinando. Mi propuesta es mas eficiente; una dirección y punto.

—Lo encuentro injusto.

—Y ese es tu problema, te has montado una película indefendible, al cotarro no le interesa. Y el cotarro va a estar ahí, siempre, y no lo ves.

—El cotarro...

—Sí tío, el cotarro, el kit de la cuestión, el mínimo común denominador, la madre del cordero. Los que pueden, el bisnes, el parné, la tela.

—Ya, ya, la tela marinera.

—Si el mundo funcionase con besos y buenas intenciones te iría mejor, pero ese mundo solo existe en tu cabecita loca... Asume tío, asume. Los imperios son así, imperan.

—Tengo un problema.

—Ja, ja ¿Sólo uno?

—Varios imagino, pero hay algo que no termino de ver y he de decirte que me muestro muy reacio a que unos pocos tengáis el control de todo. No nos deja margen, no nos deja movernos ni expresarnos. Y con eso no puedo.

—Ya, te entiendo, tío. Pero es un sacrificio que pedimos a todos por el orden.

—Vuestro orden.

—No va a ser el tuyo.

—Era mi idea.

—Tú y tus ideas.

Multiuniverso

En el multiuniverso de teclados donde falla una tecla se reúnen Superman, Tuperman, Supermad, Supertal, Sperman y Supermal:

SUPERMAN- Yo vuelo, tengo superfuerza, lanzo rayos por los ojos y mis soplidos congelan.

TUPERMAN- Yo preservo los alimentos y permito su transporte.

SUPERTAL- Yo tengo el poder de que nadie se acuerde de mi nombre.

SUPERMAD- Yo escribo sobre superhéroes en multiuniversos donde falla una tecla.

SPERMAN- Yo...Un momento...Ya. Yo ya.

SUPERMAL- Yo voto y confío en partidos conservadores.

Van dos de izquierda
a cambiar la tinta de
la impresora cuando
uno le dice al ot

Era

Era un tipo razonable que decía cosas sensatas. No era muy proclive al gobierno de ocupación, pero tampoco encendía la llama de una resistencia violenta. En cualquier caso, lo detuvieron y torturaron, algo bastante habitual. Nunca se supo de él, nadie le vio jamás. Seguramente acabaría arrojado al mar desde un helicóptero militar o en una zanja perdida cavada por él mismo. Clásicos de entonces. Tiempo después, alguien se apropió de su figura y sus palabras. Completamente sacadas de contexto, los ecos de su pensamiento, nunca escrito, fueron otra cosa. Rumores se dieron por buenos y rumores se descartaron. Durante cientos de años se conformó un enorme documento que daba pábulo a esos rumores y lo convirtieron en dogma oficial. Cosas del poder. Por ello, en todos nuestros edificios civiles y religiosos preside la imagen de un señor sentado, con las muñecas esposadas por detrás de la espalda, descalzo, con las uñas arrancadas y una bolsa de plástico en la cabeza.

Protocolo

-¿Juras odiar muchísimo?
- Juro
(Le arropan con la bandera para que su odio no pase frío)

La nave de carga X-CS 132 se dirigía al planeta presidio de Crematoria, destino final de reos de altas y largas condenas, si lograban sobrevivir. El más insigne de los presos era Julian Assange. Era famoso por haber desvelado papeles secretos del Imperio y eso no se perdona. Había estado preso varios años, lo habían criogenizado muchos más y ahora lo desterraban a ese infierno donde seguramente no sobreviviría. No era un Jedi [Lledai], ni Riddick, ni Mel Gibson. Iba a morir.

En su turno, Marcos, siempre charlaba con los reos. Su juventud ávida de curiosidad le llevaba siempre a entablar conversaciones con ellos. ¿Dónde habían estado? ¿Cuántos sistemas y planetas conocían? ¿Por qué te condenaron? Cuando un envejecido Julian le contó su historia Marcos exclamó ¡Pero eso es injusto! Y Julian se rió. Alma de cántaro. Bendita inocencia

CONVENCIÓN

Una convención de misérrimos
en el deleznablódromo
fechorizan discursos
y prevarican los verbos.

Se saludan trapaceramente
con palmaditas latrocidas
y sonrisas desfalcantes.

Una junta de aporofóbicos.

Y sonríen, los elegidos.
Y vitorean, los elegidos.

Con versos malversadores
y fragancias defraudantes
aplauden sus patrañas
y hozan contentos. Felices.

La vida puede ser
una convención
maravillosa.

Aviones sobre la ciudad. La obscenidad militar hace vibrar los cristales de mi casa alquilada. Y también es muy caro. Y es una vergüenza. Podía haber sido una fiesta de la diversidad, pero no, es un alarde de la fuerza bruta y asesina. Podía ser un evento del conocimiento y del encuentro de culturas pero no, es un desfile castrense de orgullo cerril. Una demostración de la obscenidad de los tiempos, del histórico orgullo de matar. Una hispanidad asesina se conmemora a sí misma. Triste y obsceno. Con la dc cosas que hay que hacer, ahí estamos, cerriles, imaginando el peor de los futuros posibles. España cerril, occidente cerril. Cerril y obsceno. Mal gusto. ¿No estará el gusto en construir? ¿No hay placer en la empatía? ¿No juegan los niños en el parque? ¿Nadie quiere crear la ilusión de un porvenir para ellos? ¿No es mejor, ángel de amor, que se metan sus cazas por el culo? Y también pienso en la cabra, que es una cabra, y que lidera una legión de cabrones. No milito en lo militar, lo admito. Iría encantado a una procesión de bomberos, sanitarios y profesores. Feliz, iría a un desfile de culturas. Fascistas recalcitrantes con pecho palomo no necesito. Y también es muy caro. Demasiado. Llueve poco.

Los extremos se tocan. Por ejemplo: tu opinión
y el extremo final de tu aparato digestivo

BORBÓN. NIÑO BURBUJA

Hay que entenderlo. A ti no te han criado entre algodones, regalado todo el día con las mejores viandas de la tierra en fabulosos castillos y fantásticos salones, rodeado de mágicos bosques, llenos de trofeos para tu colección de escopetas. Tú no eras el elegido. Fue él, entre todos los hombres, el designado para interceder por nosotros, una gran responsabilidad. Obligado a viajar por todo el planeta, agasajado, intercediendo con otros ilustres, visitando sus palacios y salones, comparando sus colecciones de armas y sus harenes. Forzado a beber y reírse a carcajadas bajo lámparas de araña, con los mejores caldos, rodeado de fuentes de mercurio, alfombras como valles y ventanales de catedral. Cómo reprocharle su hedonismo, su olvido de los mortales, si nunca ha estado ahí. Él está en los libros de historia, sagas de designados que bajorrelievan escudos y tintan los billetes celebrando su divinidad. Pirámides y rosetones. Desfiles. Caballos y helicópteros. Todo por él. El niño burbuja. ¿Y qué si roba? Hay que entenderlo. Y hay que acabar con él, con la saga y con todo el puto cuento.

MONARCAS POR LA GRACIA FRANQUISTA DE UN DIOS INVENTADO

Socialista monárquico, el "concepto".

La Flor

Y entonces la bella y virginal princesa enfermó por culpa de la maldición de aquella vieja bruja malvada. Ningún médico del reino podía salvarla. El único antídoto para aquel veneno maldito era una desconocida flor que sólo crece en las montañas más altas de las regiones más alejadas, aquellas a las que nunca había subido nadie.

Su enamorado, que también era príncipe (hay quien dice que emparentado con la princesa), prometió al rey que la salvaría, pues la amaba y deseaba casarse con ella, fornicar, heredar y otras cosas de la convivencia a medio-largo plazo. Formó un grupo de valientes guerreros que cabalgaron durante días y días en busca de esa única y singular flor. Cuando los caballos no pudieron más caminaron y cuando los senderos se empinaron y chocaron con las murallas de las montañas más altas ascendieron con sus manos. Todo por la princesa. Uno tras otro, agotados, fueron quedando en el camino, excepto el príncipe, cuyo amor, ambición y ganas de fornicar le habían dotado de una fuerza asombrosa. Finalmente, un día, cuando estaba al límite de sus fuerzas asombrosas, llegó. Casi tocando el cielo, en el rincón de una pequeña terraza, apenas abrigada de la nieve y los terribles vientos, estaba la flor. Una única flor, mágica y singular. El príncipe rió, ¡por fin! Después de tantos esfuerzos había conseguido llegar. Ahora cortaría la flor y regresaría triunfal a su lejano reino donde le recibirían como a un héroe, salvaría a la princesa, heredaría el reino y tendría una larga vida real. Entonces la flor le habló:

—¡Un príncipe! Qué grata sorpresa. Nunca había venido nadie por aquí y menos un príncipe tan guapo.

— Hola, Flor (en ese reino los asuntos mágicos eran cotidianos). Vengo a por ti, necesito salvar a una princesa hechizada y sólo tu magia puede salvarla.

— Vaya, estás comprometido. Y además quieres arrancarme, qué decepción.

— Tienes que entenderlo, si no te arranco la princesa morirá, y la amo.

— Entiendo. ¿Sabes que soy una flor única en el mundo, verdad?

— Sí, sí, claro.

—¿Y aun así piensas arrancarme?

— Bueno eh...sí, no tengo opción.

—Entiendes que cuando me arranques, mi singularidad quedará extinta para siempre, no habrá más flores como yo.

— Vaya, lo siento.

—¿Sabes cuánto tiempo y esfuerzo hemos dedicado mi familia a sobrevivir en estas montañas?

— Lo desconozco.

— Claro, y tampoco te haces cargo del diseño depurado por la evolución durante miles de años para que los genes de mi magia vivan aquí, en estas alejadas y altas montañas sin molestar a nadie...

—Nop.

— Y aun así quieres arrancarme.

— Ya te he dicho que la amo y está en grave peligro...

— Ya, ya. La amas. ¿Antes de que me arranques puedo hacerte unas preguntas?

—Dispara, pero deprisa. Aquí hace frío.

—¿Quedan dragones?

—No, los matamos a todos.

—Waw. Dime, ¿cuántos humanos sois?

—¿En el reino?

—En general, redondeando.

—Pff, supongo somos algunos millones.

—Vaya, sí que sois... Vosotros millones, yo la última de mi especie, ¿y aun así quieres arrancarme?

—Sí. Oye, estoy temblando, tengo que volver. ¿Tienes más preguntas?

—Chico decidido. No, no tengo más preguntas, pero no es el frío.

—¿Cómo?

— Los temblores, no es por el frío. Son mis toxinas, que por cierto huelen muy bien. ¿Notas la fragancia?

—¿Qué dices? ¿Qué me pasa?

— Ahora te estás paralizando.

— Pero... ¿Qué mierda...?

—Chico malhablado.

—¿Qué me estás haciendo?

—La vida, que es un milagro y me ha dotado de unas toxinas milagrosas que además de paralizarte empezarán a disolver tus órganos por dentro. Igual te duele un poco, pero se te pasará en cuanto te mueras. Tu cadáver serán los nutrientes de mis hijos, pues de eso vivimos, de príncipes gilipollas, ambiciosos y enamoradizos. Yo y mis descendientes sobreviviremos y el mundo se librará de una estirpe de garrapatas endogámicas que vivís del cuento erigiéndoos sobre los demás con violencia, justificándoos como los elegidos de burdas deidades inventadas por vosotros mismos, poca vergüenza. Ya ves, todo ganar. Luego vendrá la bruja y se llevará tus joyas y muelas de oro, si los tienes. A mí no me interesan. Es su comisión. Antes de morir ¿quieres decir algo? Ah, que ya no puedes, la parálisis, claro, y el dolor inenarrable. Inenarrable porque no puedes hablar, claro. Ja, ja. Perdona. Bueno. Muere y púdrete. Y viva la República.

Movimiento retrógrado

Existe lo que se denomina el movimiento retrógrado de los planetas. En su circular por el firmamento, disfrazados de estrellas errantes, los planetas se muestran como puntitos de luz desafiantes que no siguen el orden lógico del universo que siempre gira en el mismo sentido. Así pues, sinsentidamente, desafiando lo común, hacen piruetas y loops ilegales en el cielo. Se retrogradan. En la política y en la historia también existen movimientos retrógrados. Seres que añoran tiempos caducos y fundamentalistas y reivindican dudosas morales y criminales prejuicios. Al no poder doblar el tiempo como una singularidad, atados a su escasa gravedad, tuercen el lenguaje, lo piruetean sinsentidamente para convencer sus vecinos de las bondades del medioevo. Qué pena no tengan una nave capaz de alcanzar la velocidad de la luz para ir lejos. Muy lejos. A años luz.

CERTIFICADO DIGITAL DE MUERTE EN FUENLABRADA
-YO ACUSO-
(Transcripción del juicio. Turno de la defensa)

Gracias Señoría. Después de escuchar a la acusación es mi turno de alegar; El acusado, que soy yo, se declara inocente. O sea, me declaro inocente. Todo el mundo me dice que es un error defenderme a mí mismo, pero teniendo en cuenta la gravedad de las acusaciones quisiera exponer los atenuantes de mi supuesta culpabilidad, eximentes varios que espero me exoneren de toda responsabilidad penal. Esa es mi esperanza. Y tengo que ser yo, han que ser mis palabras, porque si no mi destino estará ligado a palabras que no son mías y que posiblemente ni entienda. Me arrepentiría toda la vida y por ello tengo que contarlo a mi manera, tengo esa necesidad, señor juez. Intentaré ser breve pero será largo. La mayoría de la gente no leerá está declaración hasta el final, es comprensible. Teniendo todo el tiempo del mundo no tenemos tiempo. Yo también tendría mejores cosas que hacer. Por cierto, disculpen mi atrevida ignorancia, ¿El tratamiento adecuado es Señor juez, su Señoría, Excelencia, su Ilustrísima? Muy bien señor juez barra su señoría.

La acusación nos ha presentado unos hechos, con sus testigos y pruebas circunstanciales. Yo, ya lo he dicho repetidas veces, no recuerdo nada de eso. Ustedes dicen que unos policías dicen lo que unos testigos han dicho y yo les tengo que creer a todos, es su palabra contra mi amnesia. De la enorme lista de daños y desperfectos de que se me acusa soy inocente. Leo; Desorden del orden público, destrozo de mobiliario en una oficina de La Administración, resistencia a la autoridad, amenazas, incendio provocado y finalmente un largo parte de lesiones e incluso una muerte. Absurdo, del todo absurdo.

Entiendo que las evidencias, y muy especialmente los vídeos, apuntan a mi culpabilidad pero no todo está en los vídeos, existen importantes antecedentes que deben conocer.

Vayamos desde el principio. Era lunes pero a mí me daba igual. Desempleado como estaba, el lunes era un día más, como ese acertado título de "Los lunes al sol", con la diferencia que no hacía sol ese día. Era más bien un día gris y plomizo, bastante frío y húmedo. Un día de esos de marzo que te recuerdan que el invierno no ha terminado y que la primavera, cada vez más breve y fugaz, estaba por llegar.

Yo había tenido que salir muy pronto para hacer trámites, papeleos. Así que, pese a mi desocupación, tuve que meterme en un tren de esos abarrotados a primera hora, lleno de gente que va a trabajar, hacinado en esos vagones llenos de olores desagradables y de gente adormilada sin ningún atisbo de ilusión por el nuevo día.

Rodeado de antipáticos, bajo el suelo, no es la mejor manera de empezar el día, señor juez, pero no tenía opción. Me habían dado cita en un barrio lejano y estaba la cosa como para no ir. Fue La Administración la que me hizo ir en esa horrible mañana, no fue una decisión mía, que quede claro. Este punto es muy importante, es el germen de todo.

¿Alguna vez ha intentado sacar el Certificado Digital, su señoría? Pues yo sí, una semana estuve intentándolo, es del todo imposible y muy frustrante, y es por ello por lo que acudí a la cita presencial. Necesitaba solucionar unos papeles si no quería verme abocado a la indigencia y ese maldito certificado se anteponía. Era una cuestión importante. Sobrevivir, señor juez, es importante.

La mayoría de la gente, si no llega a extremos de pobreza, no sabe lo importante que es tener una pequeña ayuda, lo fundamental que pueden ser 400 euros para

vivir. Y por eso yo necesitaba el certificado digital. Alguien decidió que fuera extremadamente complicado, imposible diría. No deja de ser paradójico que
un certificado creado para agilizar las burocracias,
oficinas virtuales lo llaman, sea un lastre, una
presa y una muralla inaccesible. No sé que idea se
esconde detrás, una no muy buena idea.
Así que fue La Administración, con mayúsculas, la
que me forzó a recorrer decenas de kilómetros para
un simple papel, no lo olviden, esto será importante.
Fue ella, o ellos, quienes me llevaron en ese frío
lunes a ese barrio lejano. A Fuenlabrada.
¿Alguno de ustedes ha estado en Fuenlabrada? Es muy
grande Fuenlabrada. Está al sur. Tan al sur de la
ciudad que hay que coger un tren. Diecinueve kilómetros desde Embajadores a la estación de Fuenlabrada.
Una vez allí son otros tres kilómetros andando a la
Oficina de Atención, una hora si te duele la espalda
y estoy seguro que a usted también le duele, no hay
más que ver como se sienta... Sí perdón. Los hechos.
Fuenlabrada.
La mayoría de Fuenlabrada no existía hace 50, 40, 20
años. Son esos sitios nuevos ganados a la ciudad, lo
que antes eran eriales y descampados ahora lo ocupan
nuevas y enormes avenidas flanqueadas por anodinos
edificios con muy poca personalidad.
Son barrios, los más nuevos, que parecen maquetas
gigantes. Hasta los árboles, todavía raquíticos e
invernales, parecen de mentira. No se ve ropa tendida
en esos edificios. No tienen el encanto de las urba-
nizaciones de los 70 y 80 con sus descoloridos tol-
dos y metacrilatos. No se ven bicicletas oxidadas en
sus balcones acristalados y tintados. Son demasiado
burgueses, aburridos.
Ciudades dormitorios. En sus grandes avenidas uno
podría pensar en París. Oh París, París. Pero no es
París. No se parece en nada a París, a pesar del frío.

Cientos y cientos de edificios de ladrillo nuevo, sin romanticismos. Parecen dormidos. Como un cementerio de tholos, un desfile militar de mastabas con sus comercios franquiciados, sin humanidad.

Pues en ese contexto yo, tratando de ver el medio vaso lleno, buscaba indicios de algún tipo de belleza. En mi pelea particular con los microscópicos equilibrios químicos del humor, acabada cierta medicación, intentaba sobreponerme a ese entorno anodino, como los edificios de la película de Brazil, así de amenazantes. Caminando uno siempre encuentra pistas estéticas que te reconcilian con la vida, incluso con la humanidad. Un letrero antiguo, un edificio con encanto, algo. Pero no encontraba nada.

Las zonas industriales de alrededor siquiera tienen el encanto de la vieja industria con sus enormes cadáveres de gigantes tuberías y chimeneas... Son arrabales de naves sin misterio, pintadas con antioxidante, conatos empresariales de cuando dejábamos el tercer mundo. Faltan hasta grafittis. Falta decadencia.

Uno no puede evitar, señor juez, que el entorno te afecte. Uno no es impermeable a un urbanismo tan, tan... falso. Todo es falso. Son barrios pretenciosos, barrios para coches. Barrios como sumas de individualidades, sin colectivos, sin vecinos, sin ferias, sin cajas de verduras en la acera. Barrios de aire acondicionado. Sin borrachos en la calle, sin señoras con carritos. Tremendamente aburridos. Angustiosamente muertos. Como una ciudad playera sin mar, sin música, sin palmeras. Sin ganas de vivir, tan solo cumplen con la necesidad de esconderse en el confort de tu piso climatizado de ventanas tintadas, delante de un gigantesco televisor, creando así una raza de humanos franquiciados, de esclavos pretenciosos y egoistones que sueñan con ser capataz, realizados por tener un garaje para su estúpido coche. Un páramo pretencioso, así lo sentí cuando me dirigía a la oficina de la administración. Eso no ayudó. No señor juez, no me gustan los coches. Hay muchas cosas que no me gustan. Perdón, ¿puedo beber agua? Gracias. ¿Ujier? ¿Se dice ujier? Ujier... Gracias ujier.

Ya les he puesto un poco en el contexto de aquel día, los momentos anteriores a mi llegada a la oficina que serían aproximadamente las 9:30 de la mañana, pues yo tenía cita a las 9:45.

Soy profuso en los datos pues a todos nos conviene, a mí por juzgado y a usted por juez, tener la máxima información posible en pro de ser los más justo posible. Mis disculpas nuevamente.

De mi llegada a la oficina lo recuerdo casi todo y he de decir que me atendieron muy bien. Como es costumbre en día de médicos y trámites siempre toca coger turno y esperar, normalmente en sillas de plástico. Como novedad, no sé si ustedes lo saben, ya no tienes que coger numerito de una máquina, ahora te mandan mensajes al móvil, lo cual me parece muy mal. Nos están obligando a llevar móvil siempre, y a tenerlo cargado, cuando es algo que no es un deber constitucional que yo sepa. Me parece discriminatorio.

No quiero decir que eso fuese el detonante, pero todo suma. Yo no andaba con mucha batería y la necesitaba para escuchar música. Aquel día escuchaba a Bacharach, don Burt Bachachach. Soy muy ecléctico en mis gustos musicales y no soy en absoluto un entendido, pero hay días que uno tiene una hipersensibilidad especial y necesitaba algo sin estridencias ni demasiado superficial. Nunca sabremos si, de haber escuchado otra música se hubiesen producido mayores o menores, llamémoslo, disturbios. Yo quiero pensar que Bach me hizo algún bien, aunque mirándolo de otra forma, ese componente divino pudo crear una fuerte ruptura y divergencia con aquel entorno que era de todo menos divino, no sé, nunca lo sabremos.

Estuve veintitrés minutos atento a si me llegaba el maldito mensaje, sin escuchar música, sin atender frenéticamente a las redes sociales por si me quedaba sin batería. Me daba terror, después de haber llegado allí, perder mi turno por una estupidez como esa. Veintitrés minutos quieto, para alguien con ansiedad, es mucho tiempo. Yo no sé si usted ha sufrido ansiedad, no sé si usted es normal, yo creo que ya no hay nadie normal, le aseguro que para alguien anormal como yo esos veintitrés minutos fueron una eternidad. No sé que pasa, no tengo paciencia, me quise morir. Recuerdo que mi vida perdió el sentido de ser, recuerdo como un gran absurdo que se reía de mí. Recuerdo nauseas. Recuerdo que llegó el mensaje. Recuerdo levantarme. Mesa siete recuerdo. Recuerdo poco más.

El atestado policial es largo y profuso, a nadie le gusta leer ya... Afortunadamente tenemos el vídeo. Con permiso. Play. Ahí podemos ver la cámara de la zona de espera, y el relojito que marca las 10:07... Fíjense ahí, una persona que se parece a mí se levanta y se dirige hacia la zona de oficinas. Hasta aquí todo bien, coincide con lo poco que recuerdo.

Veamos ahora la cámara de las oficinas. Play. Vean, 10:07.... Y ahí vemos como una persona, entendemos la misma persona que antes, entra y se dirige a la mesa número siete, donde le espera un funcionario. Yo esto ya no lo recuerdo bien.

Podemos distinguir, no muy bien, como se intercambian unos papeles y sabemos, aunque no podemos oírles, que fue un trámite infructuoso por falta de papeles.

¡Miren! 10, 12. Aquí se levanta y se ve como se lleva las manos a la cabeza. Claramente vocifera, o eso parece. Ahora se baja los pantalones y aunque no se ve bien podemos deducir está orinando sobre la mesa siete. Muy desagradable. Claramente no soy yo. Jamás se me ocurriría.

10:13. Ahora podemos ver como noquea al primero de seguridad. Muy violento. Y ahora al segundo. Parece mentira para una persona de su edad... Miren como levanta ese extintor con una mano, debe estar dopado, no es normal. Esta parte no se distingue bien por culpa del polvo del extintor y del posterior incendio... Si se fijan al fondo empieza un resplandor, entendemos es el inicio del incendio, conato sería. Debió quemar papeles... Sabemos que es fumador, empedernido, debía llevar un encendedor.

A partir de ahora apenas podemos distinguir unos bultos, imaginamos que es gente corriendo, huyendo diría yo... También sabemos que al menos ocho personas trataron de reducir al sujeto pero no lo consiguieron. Tres leves, tres graves, uno muy grave y un fallecido. Vaya. Aparte de una oficina calcinada... Qué desastre, qué pena. Del todo innecesario.

En las cámaras exteriores podemos ver como salen huyendo la mayoría de las personas de esa oficina, funcionarios y no funcionarios. Por lo que sabemos, en ese momento, 10:16, solo quedan dentro de la oficina el alborotador, tres personas inconscientes y dos trabajadores escondidos bajo algún mostrador. Miren aquí, ahí sale, es ese que parece tan tranquilo, se coloca unos cascos y sigue andando. Podemos ver también como ya sale el humo negro del incendio y afortunadamente como sacan a dos de los heridos también, el tercero nunca salió. Podía haber sido peor. Una desgracia. Stop.

Como es evidente, ese sujeto no soy yo. Reconozco que se me parece mucho y que coincide en tiempo y lugar con mi estancia, pero no soy yo. No descartemos que una Inteligencia Artificial haya retocado esas imágenes. Además, ¿cómo una persona mayor y enferma como yo sería capaz de eso? ¿Han visto el vídeo? Yo no podría reducir a toda esa gente, ni levantar esos muebles así, no soy yo. No es mi estilo, de ninguna manera.

Supongamos por un instante que hubo una trasposición. No, una transformación. No, una sustitución. En ese cuerpo han habitado dos personas distintas; Yo, que les hablo ahora mismo, y esa persona del vídeo que no sé quien es. En algún momento se apoderó de mí y yo entré en una suerte de coma, no recuerdo nada, lo juro. Lo puedo jurar por una constitución que no me he leído o por los dioses que usted quiera.

Ahora la pregunta es, ¿qué ocurrió para que yo fuese sustituido? ¿Cuál fue el detonante? Pongámonos en el lugar de ese ciudadano furioso... Imaginemos una profunda indefensión frente a un sistema que en vez de apoyarle le pone trabas y trampas. Imagínese la frustración y la impotencia.

¿Ha intentado usted sacarse el certificado digital? ¿Le han citado a 23 kilómetros de su domicilio para darle alguna solución? ¿Allí le han dicho que le falta un papel, un maldito papel, que tiene que volver a pedir cita o que lo puede hacer desde casa... si tiene el certificado digital?

Dan ganas de reírse, reírse fuerte, como una comedia de Bulgakov de risibles burocracias. Parece filmado por Terry Gilliam y ahora todo este relato es triste.

Y es muy triste porque podíamos estar aquí hablando de cualquier cosa, en positivo, mirando al futuro, y no de una sociedad que no mira por sus asociados, un sistema al que parece le molestamos, una sociedad que solo quiere vender pisos y coches que nos ahogan, una sociedad que permite el robo a gran escala y castiga al más necesitado, eso, señor juez, es una mierda de sociedad. Sin empatía solo queda la barbarie.

Esa persona que no soy yo, ese ser violento, es evidente que es un síntoma de una sociedad enajenante, síntoma de un sistema que no está funcionando, las reglas del juego no están funcionado. El culpable es esa enfermedad. No soy yo. Cúlpenlo a él y a sus circunstancias, no a mí, que soy una víctima. Busquen al culpable, encuéntrenlo, y si está en mí, por favor, extírpenlo.

¿Quién tiene la culpa? ¿Fuenlabrada? ¿Un sistema informático? ¿Una leyes? ¿La interpretación de unas leyes? ¿Quién decide? ¿Por qué los arboles están raquíticos? ¿Por qué no hay niños jugando por las calles? ¿Por qué nos sentimos así?

En contexto, sincerándonos, son unos estúpidos problemas de hombre blanco. No estamos hablando de matar por agua o de escapar de una milicias y aún así, aquí estamos, malamente.

Lo siguiente que recuerdo, señor juez, es caminar por los descampados de esos nuevos barrios. En realidad son la esencia de ese páramo, todo lo demás es impostado. Afortunadamente me quedaba un poco de batería y pude escuchar música. Es curioso pero el lugar más bonito es un sendero que va junto a una horrorosa carretera. A pesar del maldito y constante zumbido de los coches el sendero está salpicado de envoltorios y botellas pero también de unas pequeñas florecitas que prometen una hermosa primavera. Allí me encontraron los agentes del orden. Mirando un paisaje anodino. Eso es todo.

CITA EN EL SEPE

Calles de espadaña.
Confetis desde los balcones.
Los vientos soplan fanfarrias triunfales.
Coros de ángeles subliman el espíritu.

Alegría. Alegría. Cita presencial.

Un rayo de sol traspasando las nubes oscuras.
El Mar Rojo abriéndose para Wagner
La gente me aplaude y felicita.
Nubes de besos y alfombras de pétalos
perfuman mi triunfo.

Alegría. Alegría. Cita presencial.

Tres meses tres.
Y ahora soy César conquistador de las Galias,
Soy Gagarin celebrando en el Kremlin,
Neil Amstrong por la Quinta Avenida,
Nadal en Roland Garrós,
Tres meses tres.

Alegría Alegría.Cita presencial.

LOS MIEDOS DESINFORMAN

0.7 LIBELOS ANTIFASCISTAS

Todos deberíamos ser antifascistas.
Los fascistas especialmente.

Veneno

Tengo un veneno que reafirma la personalidad de una manera bien peculiar. Al principio, cuando lo tomas, todo queda en blanco, vacío. Es muy relajante, pues te quita de dirimir con los mil aspectos confusos de la vida que acucian y marean. Al rato se distingue una pequeña luz entre las tinieblas, es diminuta pero muy intensa, suficiente para, como clavo ardiendo, anclar ahí los anhelos y esperanzas. El secreto está en su reduccionismo, con las consignas de esta pequeña iluminación se dan respuestas a todas las preguntas de la vida. Absolutamente todas. Esta nueva capacidad de responder a cualquier cuestión, por compleja que sea, le dota a uno de una enorme fuerza y seguridad. Ya no hay dudas, ya no hay que discutir, siquiera informarse; basta con abrir el pequeño manual que ilumina el foquito y, en sus pocas líneas, están todas las respuestas. El veneno tiene varios ingredientes, pero básicamente consta de miedo (un 60%, en el que se incluyen complejos e inseguridades), prejuicios (un 22%) y una dosis de reafirmadores de la ignorancia y la ecpatía (en realidad un inhibidor de la empatía). Así pues, el envenenado tiene por fin una razón dominante, ya no es un ser que duda ante los gigantes retos de un mundo cambiante, ya no se acompleja por no tener respuestas, ya no se siente culpable porque esa culpa pasa a ser virtud. La proporcionalidad no importa. Sólo hay que seguir el manual. Con el veneno ya sólo tienes que preocuparte por ti mismo y resulta liberador no pensar en el bienestar de los demás. Envenenado, las vidas ajenas te importan un pimiento y con el resto de la vida, plantas y animales, ocurre igual. Tan solo te rige un único impulso, el odio. Y es genial porque te hace triunfar en todas las conversaciones. El odio te permite no escuchar razones y tus palabras brillan en tu soliloquio. El odio acaba con el debate, con el empirismo, con las pruebas... El odio puede con todo. Así se llama el veneno, odio. Y puede trasmitirse por el aire, en ondas de radio y televisión.

PATRIOTISMO DE TELETIENDA

Es una súper oferta.
¡Qué diantres! ¡Ofertón!
Patriotízate en cómodos plazos
(Be patriot, en idiomas.)
Arroba e hinche de orgullo.
Sencillo y divertente.
¡Patriotízate!
Viene con un kit
de odios de colores.
De instrucciones fáciles,
frases cortas
y botones grandes,
ideal.
Sencillo y arrollador,
cabe en cualquier prejuicio.
Borra la historia y la mesura.
Arde la mirada
y vehementiza el corazón.
Con una bandera enorme
que protege el sofá
y la solidaridad de los pueblos.
Y te pone cara
de Bruce Willis
o Mel Gibson,
a elegir.
Y tiene un mando.
Be patriota

ESPAÑA TORREFACTA

Pito, pito, gorgorito
Entro en el bar
Tolón tolón
Y tiene un periódico
No es una portada cualquiera

En la tele las noticias
Tela catola
La Virgen, La Virgen de la cueva

Un bar bar
De churros y porras
Mediamanga
Pan tostado y tragaperras

Un camarero abanderado
Se rifa un pez
De patriotismo patatero
(Cada cual, cada cual)
Se rifa un gato
¿Dónde vas tú tan bonito?

España torrefacta
Con su camisita y su canesú
En el monte las sardinas
Pin pon fuera
¡Que sí, que no!
Y ocho dieciséis

No muy pronto me di cuenta de lo pequeño que es mi mundo y ya, mayorcito, fui cayendo. ¡Qué pequeño que es mi mundo! Mi círculo social, mis infinitos trabajos, mis recorridos, mi céntrico barrio, mis proletarias vacaciones... Todos pequeños, diminutos. No representan para nada el mundo, el mundo real, el grande. Mis ideas políticas, pequeñas. Mis opiniones, minúsculas. Los libros que he leído, nimiedades. Las miles de horas frente a una pantalla, del todo inapreciables en cualquier escala. La macroencuesta de las vidas me sitúan junto a las minorías, anecdóticas e irrelevantes, caprichos de la evolución. Todo el mundo tiene mundos pequeños, viven en sus pequeños mundos. El gran mundo, el real, son la suma de todos esos pequeños mundos. El CEO de jets privados, vistas de rascacielos y vacaciones de yate, habita en su minúscula burbuja alejada de la algarabía de callejones sin asfaltar y niños jugando con palos y chapas. El padre/madre de familia que desde el garaje de su adosado, con su coche a plazos, conduce al parking de la empresa, al del centro comercial y vuelve al garaje también vive en su mundo pequeño. Los odiadores de las calles y las redes sociales viven en el más pequeño de los mundos posibles, negando la diversidad. Sin empatía, los pequeños mundos pierden la perspectiva y se convierten en celdas microscópicas, sin ventanas al enorme mundo. Reconocer la pequeñez es reconocer la enormidad. Congratularse, encerrarse y hacer apología de las vistas de celda, es contrario a la increíble y milagrosa vida que nos rodea, es un flaco favor, una traición. La totalidad habita en los niños y en la imaginación. El infinito son los besos frescos y los besos cálidos, duren lo que duren. Lo global es la empatía y el cariño. El respeto es lo universal. El mundo somos todos y las vistas son preciosas. No nos encerremos. No al fascismo.

Mi amor

Mi amor no lo tienen. Siento decirlo así, tan abruptamente, pero es la verdad. No los amo. Ni siquiera los quiero mucho. Quisiera al menos no odiarles porque el odio es un sentimiento yermo y feo, pero no lo puedo evitar. Los odio y aborrezco. No puedo verles ni oírles, por lo que la televisión vive apagada. Mi almacén de sandeces se llenó hace tiempo y no quiero escuchar más. Silos y silos. ¿Que ganan...? Pues una lástima inmensa, pero nunca convencerán, nunca tendrán mi amor. Y en el universo Juaco su amor y simpatía es algo muy importante y ellos no lo tendrán. En mi universo son unos pobres diablos, llenos de complejos y traumas, de fantasías de soberbia y emperadores desnudos. Seres deleznables que sólo se rodean de prejuicios y hiel, lujos de injusticias, traiciones, mentiras y robos. Flaco favor le hacen a una sociedad pervirtiéndola y esquilmándola. Mi amor, lo que es mi amor, no lo tienen.

No te infectes
por el odio,
perdona.
Sé constructivo,
aporta.
Realza tu optimismo
y contagia tu amor
para que,
entre todos,
solidariamente,
con ilusión,
esperanza
y fraternidad,
les partamos
la cabeza
a los putos
fascistas

LA MÁS BONITA

Si exhalases oxígeno no serías más bonita.
Nos daríamos largos besos bajo el mar.

Si tu danza atrajese la lluvia
no serías más bonita.
Bailaríamos en desiertos y veranos.

Si tu canto reverdeciese el planeta
no serías más bonita.
Ciudades de yedra e interminables bosques.

Si tus oídos entendiesen a las ballenas
no serías más bonita.
Descubríamos los secretos del océano.

Si tu risa congelase la carrera armamentística
no serías más bonita.
Algarabía en cuarteles, tanques y portaviones.

Si tu mirada fulminase el fascismo sí.
Sí serías más bonita.
La más bonita

POEMA

He escrito un poema. Dice así:

Putos nazis
Putos nazis
Putos putos putos nazis
Nazis de mierda
De mierda todos los nazis
Putos nazis
Putos putos putos nazis

Y continúa:

Nazis hijos de puta
Me cago en los nazis

Cambia el ritmo:

¿A quién se le ocurrió semejante disparate?
¿Quién compra esa puta mierda?

Y una en inglés:

Fuck nazis

Y vuelve al español:

Putos nazis
Putos nazis
Putos putos putos nazis

Y sigue:

Menuda mierda
Menuda puta mierda

Se alarga:

Cobardes
Acomplejados
Avariciosos
Nazis colaboracionistas
Nazis mentirosos
¡Asesinos!
Nazis en la tele
Demasiados nazis
Malditos. Todos.
Todos los putos nazis

Y termina:

Putos putos putos nazis

Obsérvese la aliteración
La epístrofe y la anáfora

Putos nazis
Putos nazis
Putos putos putos nazis

Terminología

Ante los comentarios fascistas, filofascistas, neofascistas y blanqueadores del fascismo, incrédulo e indignado, me he visto imprecando a la tele como un hooligan; SERÁS ZORRA... Me ha salido del alma, aun a sabiendas de que es una expresión machista y heteropatriarcal que me tengo que hacer mirar. Al minuto, ante los comentarios desafortunados encadenados he soltado, CERDO, ZZZZZEEERRRRDDDOOO. Entiendo que hay movimientos a los que les parecerán mal estas expresiones despectivas de animalización y enseguida he pensado en HIJOSDEPUTA, muy socorrida, claro que también es descortés con madres y ejercientes del antiguo oficio. Entonces pensé en otras expresiones que definieran mi parecer visceral ante la velada defensa del fascismo y que no fueran políticamente incorrectas, que ofendiesen sólo a los voceros de la tele, complemento directo de mi enojo. BASTARDOS no sirve. MARICONES obviamente tampoco. MALNACIDOS, se acerca. RATAS no, que también son animalitos de Dios, como las CUCARACHAS, LAS VÍVORAS O LOS GUSANOS. MIERDAS no está mal. No existen, creo, defensores del orgullo defequil. Según evolucionemos habrá que, supongo, incorporar nuevos vocablos, bien recuperando antiguos como MENTECATO, MANGURRIAN, BELLACO, bien dando relevancia a otros como BOCACHANCLA, MASCACHAPAS, SOPLAGAITAS, bien inventando nuevos como CARBUNCLO, PLÁSTICO, RODOGIL, ESCOMBRO... Vocablos que permitan expresarnos sin despreciar a ningún colectivo excepto el de los CERDOS FASCISTAS HIJOSDEPUTA.

DESFASCISTOL

Un producto que tiránica y despóticamente se pudiese rociar sobre congresos, senados, comisarías, juzgados, gradas de fútbol, iglesias y despachos. Una lluvia desfascistadora que anegue rotativas, opiniones, calles y barrios. Todo bañado en Desfascistol, para que al día siguiente, en una reluciente mañana, nadie diga más estupideces y barbaridades. Fascistamente lo pido. Desfascistol ya.

(Sabe un dios de oriente que tengo razón. Un dios bárbaro y cruel, más que esos títeres imbéciles y los infelices loros que repiten su cacareo infantil de odio, desgraciadamente eficaz. Enemigos del futuro.)

MÁS BICIS Y MENOS COCHES
MÁS ÁRBOLES Y MENOS FACHAS

RECUERDA. POR UNA SANIDAD PRIVADA Y EXCLUYENTE. POR UNA EDUCACIÓN PRIVADA Y EXCLUYENTE, POR CIUDADES CONTAMINADAS SIN CARRILES BICI, POR UN VALLE DE LOS CAIDOS EN CADA ROTONDA, POR UNA SOCIEDAD SIN LIBERTAD SEXUAL. PARA COMPRAR HIJOS A LOS POBRES, PARA VACIAR LA HUCHA DE LAS PENSIONES, PARA DEFENESTRAR BOSQUES Y COSTAS, PARA LAS PUERTAS GIRATORIAS, PARA QUÉ SOLO ABORTEN LOS RICOS EN LONDRES, PARA LA IMPUNIDAD DE LOS LADRONES, BANCOS Y GRANDES EMPRESAS, PARA QUÉ LOS RICOS PAGUEN MENOS IMPUESTOS, PARA QUE EN AMIGUETES S.L. SIGAN LA FIESTA. PARA LA QUE LA CULTURA SEAN SOLO TOROS Y PROCESIONES, POR EL GLIFOSATO, POR EL PLÁSTICO Y EL PETRÓLEO, FUERA RENOVABLES. POR LA COMPATIBILIDAD DE IR A MISA Y LOS VOLQUETES DE PUTAS, PARA QUE LAS POBRES MULTINACIONALES NO PAGUEN IMPUESTOS, PARA QUE LA IGLESIA CATÓLICA RIJA NUESTRA VIDA, PARA ACABAR CON LA SOLIDARIDAD ¡YASTÁBIEN! POR LA DESHUMANIZACIÓN, POR EL MEDIOEVO. COMO ANTAÑO, PORQUE MIL AÑOS NO PUEDEN ESTAR EQUIVOCADOS.   ¡FEUDALISMO YA!

QUÉ BONITO SERÍA QUE EN VEZ DE LOS RINOCERONTES SE EXTINGUIERAN LOS JUECES FILOFASCISTAS

EMPATÍA O BARBARIE

EPPUR SI MUOVE

La historia y la evolución demuestra que todos somos hijos de inmigrantes / emigrantes y la misma vida demuestra que esa es precisamente su riqueza, su propia diversidad, y que nos enriquecemos todos contándonos historias de aquí y allá. Quienes trazan una línea imaginaria en el tiempo y el espacio de un mundo que gira y evoluciona y dicen "a partir de aquí es mío", queriendo detener la naturaleza del mundo, son infantiles, cobardes, ignorantes o egoístas (puede que las cuatro). Porque, aunque no creas en Darwin, hoy en día una muestra de ADN demuestra que no existe nadie oriundo en esta vida, lo genuino es la adaptación, lo contrario es una piedra. La belleza es hija del intercambio y la endogamia es madre de callejones inermes. Defender solamente tu parcela es un error de bulto, te obligará a gastarte el dinero en vallas y alarmas, te enemistará con tus vecinos, te hurañará y quedarás solo, con miedo. Y vivir con miedo no mola.

Imaginemos

Imaginemos que perdemos la guerra. No sería la primera vez. Te adaptarías. Ley de vida. Uno solo no puede hacer nada. Resignarse y vivir arrodillado. Todo eso que te producía asombro y enfado ahora es ley.

Imaginemos que perdemos. No sería la primera vez. Ya perdidos, parecería que hay cierta calma. Incluso orden. Al miedo y horror de la sinrazón fanática y acomplejada se le sumaría el de la delación sectaria. Hay cosas de las que no se puede hablar. No sería la primera vez.

Imaginemos unos pocos, haciendo lo imposible. Apestados por el riesgo que entrañan. Queman, lo mejor es no dejarles entrar, arriesgan demasiado.

Imaginemos. Lamentarse por acciones o inacciones pasadas de nada sirve. Pedirle perdón al vaso roto no funciona para el vaso. Pero mirarías hacia adelante, al futuro. Y olvidarías porque no hay que remover cosas del pasado. No sería la primera vez.

Imaginemos. Sobre el espíritu libre y diverso caería un silencio opaco y gris que no duda, que no juega, no experimenta, no contrasta, no se asombra y que solo ríe decadentemente. Peor que los hombres grises de Momo porque serían, como ya fueron, reales.

En realidad no hay que imaginar mucho. No es la primera vez. Seamos sinceros. Estamos perdiendo la guerra. Imaginemos lo contrario.

MÚSICA

En días lluviosos la música adquiere una maravillosa dimensión. Refugiado tras cristales, viendo llover, las armonías te envuelven como una calefacción del alma, un paraguas acogedor. Los grises del cielo, las tejas mojadas y el asfalto líquido de las calles espejan un espíritu sosegado que la música adorna con sutilezas, poesía y ritmo. Las gotas, infinitas gotas, acompañan. Desde el refugio, admirando el mar del cielo, empapado de nostalgias, suspiros de arroyos y clamores de río, las notas navegan por el salón y rebotan amables en la conciencia armonizada. Una paz. Mil bellezas. Introversiones que ahondan en la suerte de vivir, la fortuna de admirar y contemplar el tiempo calmo, húmedo, lejos de las asperezas de las noticias y las facturas. La lluvia. Solo presente. Ahogando cláxones impacientes. La música. Silenciando los miedos de futuro. La mirada vidriosa honrando la vida, abrigando recuerdos. No hay mejor invento que la música, por encima del chupachus y la fregona, por muy españoles que sean. Ojalá música silenciando las torpezas, música anegando vanidades, música presidente, decretando amar, bañando de cadencias al odio, bailando las ambiciones desmedidas, celebrando soledades amables y extasiando multitudes. Música por encima de todo. Y silencio. Y lluvia.

Sin alharacas

Sería muy bonito que toda esa rabia que guardamos, toda esa impotencia y angustia de un mundo acelerado sin respuestas, la tornásemos todos en un gesto amable y sin aspavientos. Tranquilamente, una mañana como hoy, sin ruido, bajaríamos a las calles y seríamos poseídos por el espíritu del sentido común. Es un espíritu muy antiguo, que velaba por las pequeñas tribus y familias. Participa en las pachangas de barrio y en los juegos de los niños. Está ahí, en el sexo y en la música. Es el espíritu que determina la distancia entre los árboles para que pase la luz precisa para esa otra brizna y esa otra flor. El espíritu del sentido común divide el alimento en cada mesa y escancia el vino. Te arropa lo justo cuando hace frío y te hace sacar el pie fuera de la manta cuando hace calor. Te mantiene la puerta abierta del ascensor. El espíritu del sentido común no grita porque no tendría sentido. No miente porque es tirar piedras contra su tejado, ni contamina porque es prender fuego a tu propia morada, lo cual es del todo imbécil. El espíritu del sentido común no le ve el sentido a primar la ambición por encima de todo lo demás, es quedarse sin colores. Poseídos por él, en una misma dirección, dejaríamos de gritarnos porque agota. Imbuidos en vivir mejor reiríamos más y viviríamos mejor. Así, un día cualquiera. Sin alharacas.

EL ENEMIGO

Frente a la ilusión el enemigo usará el miedo. Frente al sentido común el enemigo usará el dolor. Frente a la colaboración el enemigo usara la confrontación. Frente a la pervivencia el enemigo usará la destrucción. Frente a la solidaridad el enemigo usara el egoísmo. Frente a la razón el enemigo usará la ambición. Frente a la igualdad el enemigo usará la injusticia. Frente a la salud el enemigo usará la contaminación. Frente a la caricia el enemigo usará la tortura. Frente a la risa el enemigo usará el llanto. Frente a la paz el enemigo usara la guerra. Frente al orden el enemigo usará el caos. Frente a la vida el enemigo usará la muerte. Frente a nuestra determinación el enemigo usará las dudas. Frente a al conocimiento el enemigo usará la ignorancia. Frente a la verdad el enemigo usará la mentira. Frente a la valentía el enemigo usará la cobardía. Frente a la libertad el enemigo usará la cárcel. Frente a la la belleza el enemigo usará la censura. Frente a la diversidad el enemigo usará la exclusión. Frente a la igualdad el enemigo usará los privilegios. Frente a nuestra unidad el enemigo usará la división. Frente al futuro el enemigo no ofrecerá nada. Todos juntos frente al miedo, la confrontación, la destrucción, el egoismo, la ambición, la injusticia, la enfermedad, el odio, la muerte. Frente al enemigo siempre frente al enemigo. Nuestra victoria frente a su derrota, nuestro futuro. Nuestro amor frente a su odio. Por la vida, por el Nuevo Mundo. Todos, por siempre, amigos.

La Revolución es fácil. Todos somos todos. Todos, el soldado, nos decimos, ¿dónde hay que plantar? Sin el peso de las armas todos, las madres, nos decimos, ¿dónde hay que plantar? Todos, el campesino, el que dibuja, el músico, el ingeniero, el médico, el nadador, el panadero, el niño, el camarero, el constructor, el mendigo, el bailarín, el conductor, nos decimos, ¿dónde hay que plantar? ¿Dónde se defiende? ¿Cómo se hace pan? Nos decimos, todos a todos, ¿cómo se cura? ¡Enséñame a nadar! ¿Cómo se baila? No pases frío, nos decimos. ¡Que jueguen los niños! ¿Por dónde se va? Te llevo, nos decimos. Y vamos todos juntos y ya está. Fácil.

P.D.: El 30 de marzo del año 2030 será primavera en el hemisferio norte y otoño en el hemisferio sur, usa la ropa adecuada, será un día de celebración, un día histórico. Ese día enterraremos al enemigo para siempre y empezaremos a trabajar en un mundo nuevo, el Nuevo Mundo.

Vale, ya he activado el plan: Nacionalización de empresas, abolición centros concertados salud y educación, plan nacional recuperación masa forestal, biodiversidad, sostenibilidad, agricultura y bicicletas. Creación industria nuevas tecnologías, energías verdes, Ministerio de la infancia, wifi y comunicaciones gratis. Abolición franquicias y desuberizacion de la economía. Ciudades y no ciudades también. Reforzamiento espacios públicos, recursos y estructuras para la cultura y el deporte. La música patrimonio del alma. El odio desterrado, la competitividad psicópata extinguida. Sexo. Amor. Salud. Buen humor. A las 9 en Embajadores.

Habrá guillotinas porsiaca, nadie sin AMOR.

08. Escenas

Existencias

—¿Hay futuro?
—No, se vendió.
—¿Tienes presente?
—Por poco tiempo. Ya.
—¿Y pasado?
—El único que me queda, tergiversable.
—Puff, venga, dame dos.

Menú neoliberal
Un camarero y tres comensales

CAMARERO- ¿Cuántos sois? ¿Tres?

CLIENTE 1- Sí, tres.

CAMARERO -Un segundito, os preparo la mesa.

(...)

CAMARERO- Por aquí.

CLIENTE 2- Vamos.

(...)

CLIENTE 3- Buenas. ¿Qué tienes de menú?

CAMARERO- A ver, primeros; lo llaman democracia y no-lo-es en su salsa, noción de libertad a la plancha y créditos hipotecarios al horno. Y de s...

CLIENTE 2- Yo quier...

CLIENTE 1- Espera.

CAMARERO- Y de segundos tenemos; puertas giratorias al gratén, ensalada de beneficio bancario y lomitos de privatización con despido libre. También, si queréis, puedo haceros unos trabajos temporales vuelta y vuelta o una sopa de jubilación privada. También hay paraíso fiscal, pero lleva un extra. Los...

CLIENTE 2- Vale, a mí..

CLIENTE 1- ¿Te quieres esperar?

CAMARERO- Postres. Gracias. Tenemos; Prensa interesada con helado tertuliano, consumo irresponsable subvencionado o tarta de burgués acomodado con chocolate, la hay sin gluten también.

CLIENTE 3- Vale, yo quiero la noción de primero y lomitos de segundo, de postre prensa interesada.

CAMARERO- ¿Para beber?

CLIENTE 3-¿Para bebeeer..? Tráeme un desahucio.

CLIENTE 1- Yo quiero los créditos y lomitos también. De postre consumo irresponsable. De bebida tráeme una copa de lobby farmacéutico, una buena.

CAMARERO- ...macéutico, ahá. ¿Y usted?

CLIENTE 2- Yo lo mismo, pero de postre la tarta.

CAMARERO- ¿Lobby también de bebida?

CLIENTE 2- Si...¡No! Una ilusión de progreso, con hielo.

CAMARERO- Ilusión.. Vale.

CLIENTE 2- Espera, espera, ¿te puedo cambiar el segundo por un primero?

CAMARERO- *(Asiente)*

CLIENTE 2- Quíteme los lomitos de privatización y tráeme un paraíso fiscal, un día es un día. ¿Viene con arroz o con patatas?

CAMARERO- Con patatas. Todo lo que se come aquí va doblado y con patatas.

***

SURF
Curso personalizado online
"Técnicas básicas para sobrevivir
al tsunami de cambio socioeconómico"
-Precio 20$-Socios 10$-

Videollamada, un profesor y su alumno. Suenan Beach Boys. El profesor viste un neopreno de surfista, el alumno unas bermudas antiguas y una camiseta ancha.

MIKE- ¿Hola?

ENRIQUE-¿Hola?

MIKE- ¡Hola! Buenas...Bienvenido al curso, ¿Enrique, verdad?

ENRIQUE- Sí, sí. Enrique.

MIKE- Okey. Mi hermano se llama Enrique también.

ENRIQUE- Mira, qué casualidad.

MIKE- Yo soy Mike. ¿Me oyes bien Enrique, me ves bien?

ENRIQUE Sí, sí, te veo y te oigo.

MIKE- Okeey. ¿Llevas ropa cómoda, verdad Enrique?

ENRIQUE- Sí, sí...

MIKE- Bien, okey. Mientras te voy contando vamos calentando muñecas así... Sabes que este curso son unas nociones básicas, eh... Hombros. Una introducción de técnicas para surfear la ola de los cambios socioeconómicos que se avecinan. Vale, ahora rodillas... Ya sabes, cuarentenas... Hacia el otro lado. Calentamiento global, deslocación, todo eso... Ahora tobillos. Que te voy a contar, para eso estás aquí.

ENRIQUE- Sí, sí, porque nunca se sabe...

MIKE- Nunca se sabe...Nunca se sabe... Yo creo un poco se va sabiendo, ¿no? Brazos arriba.

ENRIQUE- Sí bueno... Vengo a eso. A aprender.

MIKE- A buscarte la vida ¡claro! Como todo el mundo. Venga estira ahí. Para eso estás aquí, esto es el sálvese quien pueda... Pero tú, te salvarás.

ENRIQUE- ¿Sí, no?

MIKE- Sí, sí. Fenomenal, ahora, unos saltitos...ep, ep, ep. Okey. Venga, vamos con la técnica.

ENRIQUE- Sí, sí, la técnica.

MIKE- Lo primero es, bueno, saber de donde viene la ola.

ENRIQUE- Sí claro.

MIKE- ¿Sabes de dónde viene?

ENRIQUE- Eh...No.

MIKE- Pues no te preocupes, estará todo el mundo ahí, no hay pérdida. Supongamos viene de allí.

ENRIQUE- De allí, sí.

MIKE- Nos colocamos en la posición de inicio, eso es, los codos pegados, muy bien. Ahora atentos, esperamos, contemplamos la costa por última vez antes del gran cambio, esperamos... Y cuando vemos que viene por el fondo, rapidito, empezamos a coger velocidad...

ENRIQUE- ¿Así?

MIKE- Eso es, así. Y cuando venga la ola descomunal, apoyas el peso en las manos y saltas sobre tus millones, procurando no perder el equilibrio. Un pie delante de otro, firmes sobre los millones, rodillas flexionadas…

ENRIQUE- Pero yo no tengo tabla de esas, millones yo no…

MIKE- Bueno, quien dice millones dice acciones, propiedades, criptomonedas...

ENRIQUE- Yo no...No tengo acciones ni nada de eso...Cripto... Yo no...

MIKE- Ah, ya…que no tienes…ya.

ENRIQUE- No, yo no... No.

MIKE- Bueno, no importa. Okey, sigamos... Hay que cambiar la postura. Sin tabla... Ponte así... Estarías...flotando. Eso, flotando... ¿Tú flotas no?

ENRIQUE- Sí, digo, floto, claro que floto, un rato flotando aguanto, bastante, creo.

MIKE- Pues cuando estés ahí flotando y venga la ola…¿Ni ahorrillos para un chaleco salvavidas?

ENRIQUE- No es que yo...

MIKE- Manguitos te pueden venir bien...

ENRIQUE -Eh, nop, tampoco...El banco...(*se atraganta, contiene su emoción*)

MIKE- Ya, ya, Doesn´t mind. Pues cuando venga la ola y estés ahí, flotando... Eh... ¿Sentido del equilibrio tienes?

ENRIQUE- Sssí, supongo…

MIKE- ¡Genial! Guay el equilibrio y que flotes, va a ser importante… Pues tú estás ahí, flotando, con tu sentido del equilibrio, esperando que venga la ola gigante…

ENRIQUE- Con mi familia…

MIKE- ¿Con tu familia? Claro, claro, con todos los seres queridos que quieras, hay ola para todos… Es enorme... Ya veréis, puf... Pues juntáis vuestra flotabilidad y vuestro sentido del equilibrio, os va a venir bien…

ENRIQUE- Bueno mi madre está un poco mayor...

MIKE- Ahá.

ENRIQUE- A mi chica la han operado...

MIKE- Bueno...

ENRIQUE- Y los niños son pequeños.

MIKE- Ahá, entiendo. Mucho amor, mucho amor..…Y ahí, en medio del mar, con todo ese amor, la vais a ver venir… Y entonces tenéis que empezar a avanzar ¿Entiendes? Un poco antes de que llegue, tenéis que coger velocidad… Los que naden.

ENRIQUE- Mi madre y los niñ...

MIKE- Entiendo entiendo, claro, Okey... Los que naden pueden ayudar a los que no naden...

ENRIQUE- Ya.

MIKE- Y entonces veréis que llega, como un camión, rugiendo, una montaña de agua que os elevará. Es imparable y entonces tú, con tus seres queridos *(mima una imposibilidad física)*... Vosotros... y la ola descomunal… Tiempo. Oye, ¿estás seguro de que has votado todo esto?

ENRIQUE- Tsé, ya... ejem...

MIKE- Ah, son 20 euros

ENRIQUE- Ssssí... *(Enrique paga)*

MIKE- Okey. Venga. ¡Suerte Enrique! Acuérdate ahí, ¿eh?

(Le hace el gesto de flotar. Enrique congelado, Mike le da un botón, desaparece Enrique y aparece Carlos en la 2da pantalla)

MIKE- ¿Hola?

CARLOS-¿Hola?

MIKE- ¡Hola! Buenas...Bienvenido al curso, ¿Carlos verdad?

CARLOS- Sí, sí, Carlos.

MIKE- Okey ¡Mi hermano se llama Carlos también!

CARLOS- Mira, que casualidad.

MIKE- Yo soy Mike. ¿Me oyes bien Carlos, me ves bien?
CARLOS Sí, sí, te veo y te oigo.
MIKE- Okey.. ¿Llevas ropa cómoda, verdad Carlos?
CARLOS- Sí, sí...
MIKE- Bien, okey. Mientras te voy contando vamos calentando muñecas así...

Dibujo de Ricardo Egoscozabal

COMUNISTITIS

—Lo que me temía, tiene usted comunistitis.

—¿Comunistitis?

—Sip, comunistitis.

—¿Pero eso no se había erradicado hace tiempo?

—Ya ve que no...

—¿Cómo puede ser? Si yo hago una vida de lo más normal.

—A veces pasa, uno está en los lugares inadecuados con gente inadecuada...

—¡Qué dice! Si yo nunca, nunca me expongo a esas cosas...

—¿Está usted sindicado?

—¡Por supuesto que no! ¿Cómo se atreve?

—Soy su médico, esto es confidencial.

—Ni confidencial ni confidencialo, yo no me he sindicado en mi vida.

—Vale, vale...

—¿Compra usted productos locales y ecológicos?

—Todo importado, nada jipi.

—Pues eso no es tampoco.

—Si ya le digo que soy muy normal, veo Telecinco, Ana Rosa, Pablo Motos, Bertín, Cuarto Milenio, lo normal...

—Vale, vale...¿Va usted en bici?

—Ni borracho, siempre en coche.

—En su informe pone que preinscribió a sus niños en una escuela pública...

—No, no no, eso es un error informático. Por favor, mis niños en una pública con todos esos...no...¿Estamos locos?

—¿No habrá ido a manifestaciones de esas...? ¿Por la sanidad?

—No.

—¿Derechos humanos?

—No.

—¿Clima?

—No.

—¿Feminismo?

—No.

—¿Animales?

—¡No! Mire, yo no me meto en la vida de nadie. No me explico como...

—Las pruebas son determinantes y en algún sitio...

—Espere, el otro día entre en un bar popular. Quizá ahí...

—Difícil, ¿tenían El Mundo y el Abc?

—Y el Marca, sí.

—Entonces no. A ver, ¿comentarios filocomunistas en redes sociales?

—Tengo un prestigio, por favor.

—No sé, ¿ha salido en defensa de algún compañero..?

—Que yo no me meto en la vida de nadie le digo, a lo mío..

—Pertenece a alguna asociación de algo que pudiera...

—Noooo.

—¿Ayuda a sus vecinos?

—¡Si ni siquiera sé quienes son!

—Nunca ha ido a una reunión de vecinos...

—No, yo paso...Bueno..

—(...)

—El otro día sí fui a una junta, pero fue una chorrada...

—Cuéntemela..

—Querían subir la tasa de las basuras, es una comunidad privada y pasó lo de la señora esa...

—¿Qué señora?

—Una señora mayor...Que no alcanzaba a meter la basura en los cubos esos altos...Ya ve, una tontería...

—¿Y?

—Nada, una tontería...Yo me quería ir y sugerí que, bueno, que entre todos.. Si pasamos por ahí...pues que podíamos hacerle el favor...

—Ahí está.

—Pero si es una chorrada.

—Ya está usted interviniendo, así empieza...

—¿Sólo por eso?

—Voy a pedir quirófano ya. Cuanto antes mejor.

—Joder. ¿Puedo llamar a mi familia?

—No, comunista de mierda. ¡Seguridad!

***

DOS, ESPERANDO EL ASCENSOR

—Hola.

—Buenas.

—Disculpe, ¿a qué piso va?

—¿Yo? Al séptimo.

—Ah vale. Yo voy al quinto. *(Silencio, cinco segundos)*. Perdone, ¿le puedo pedir un favor? Es una tonteria...

—Dígame, a ver.

—Mire, ahora vamos a entrar los dos y quería pedirle... Es un poco raro...

—Diga, diga.

—Pues mire, quería pedirle que durante el trayecto no me hable, me pone muy nervioso.

—¿Que no le hable?

—Sí, durante el trayecto, cuando estemos los dos ahí, encerrados, subiendo.

—Entiendo. ¿Usted quiere que no le hable dentro del ascensor?

—Sí por favor, no comente nada, del tiempo, ni nada. Es un tiempo perdido.

—Nada, no comentar nada.

—Eso es, se lo agradezco. Es que no puedo con esas intentos de rellenar ese tiempo con palabras que no van a ningun lugar.

—He de confesarle que tampoco yo soy muy amigo de hablar ahí dentro. No, no.

—No van a ningun lado.

—No es necesario en realidad.

—Lo mejor es el silencio.

—Silencio, sin palabras *(Silencio incómodo, cuatro segundos)*.
—Pero no un silencio de esos, incómodos...
—¿Cómo, perdón?
—Sí, de esos silencios incómodos, que parece que cuesta no decir nada... Ahí, como sin respirar.
—Ah ya.
—Sí, cuando es incómodo, un silencio incómodo. Que pone nervioso también. Hay algunos que sacan las llaves y están ahí, cha chas, muy muy incómodo.
—No sacar las llaves.
—Sí, esas cosas. La gente que masca chicle, por ejemplo. Ahí dentro todo se magnifica, es asqueroso. Ahí, en tu oreja, chum, chum, chum.
—Llaves, chicles...
—Y los que siguen hablando por teléfono, haciéndote partícipe de sus mierdas que a mí no tienen porqué interesarme. "Estoy en un ascensor, igual te pierdo" A gritos, aquí. ¿Le parece normal?
—Normal, normal...
—La gente no se da cuenta que es un espacio compartido; respeta un poco, ¿no?
—No, no, claro.
—Yo no voy a tu casa a toserte en la oreja o a estornudar a tu mesa, ¿por qué tienes que venir tú a apestarme a colonia barata? O peor aún ¡Tus flatulencias! En un espacio tan pequeño, por favor...
—Si es pequeño, sí.
—Falta educación.
—Ahá.
—Deberían dar clases de eso, de como comportarse en

un ascensor y no perder el tiempo con logaritmos nepe-
rianos...

—Essss, una idea, sí.

—¿Le puedo contar un secreto?

—Claro, claro. No baja..*(Aprieta el botón con insistencia)*.

—La del tercero, como siempre...No puedo con ella. Gor-
da de mierda.

—Bueno, tampoco...

—Siempre hacen lo mismo, se quedan ahí hablando con
la puerta abierta ¡Es increíble! *(Aporrea la puerta y grita)*. ¡Ascensooor! Siempre igual ¡Ascensooor!

—Ya vendrá.

—Unas marujas...Eso es lo que son.. Yo intento subir por
las escaleras, pero con este tiempo, la rodilla...

—Con este tiempo, es normal...

—Pero es bueno que llueva.

—Sí, hace falta.

—Hacía mucho que no llovía *(Los dos a la vez)*.

(Silencio incómodo)

—¿Sabe mi secreto para no tener silencios incómodos en
el ascensor? La respiración.

—¿La respiración?

—Sí, esto que hacemos *(mima)*. Yo respiro profunda y lentamente *(respira profunda y lentamente unas tres veces)*. Con los
ojos cerrados me concentro en la ausencia de la otra persona, la ignoro, me evito tensiones innecesarias.

—Ignorarle, ya.

—Sí, suprimirle, omitirle, hacer como si no existiera. Hay
que concentrarse, no crea que es fácil. La otra persona
esta ahí mismo...pero es mejor ignorar su áurea que ha-

cerse responsable de ella, porque si no es cuando empiezas a preguntar gilipolleces, que si qué tal el tiempo, tus niños hay que ver, que qué calor, gilipolleces...

- Sí, las conversaciones típicas...Ya parece que ya baja, por fin.

—La del tercero, es que tampoco la soporto.

—Entonces ahora, ¿nada de hablar?

—Nada. Pero silencios incómodos tampoco.

—Incómodos tampoco.

—Sí, normal, como cuando estás viendo la tele con tu pareja... Calladitos, a tus cosas, sin imponer tu presencia, respetando el espacio vital del otro, lo que debe ser.

—De acuerdo, de acuerdo, espero hacerlo bien.

—Seguro, no es difícil.

PLIN

(Se abren las puertas del ascensor)

—Usted primero.

—Gracias.

—Séptimo me dijiste.

—Séptimo sí.

—Bien, yo el quinto *(Aprieta los botones correspondientes)*.

PLIN

(Se cierran las puertas del ascensor y sube. Durante el trayecto, Personaje Uno respira profunda y lentamente, Dos no se mueve)

... 1

... 2

... 3

... 4

... 5

PLIN *(Se abren las puertas)*

—..... Venga, hasta luego.

—Hasta luego.

—Oiga, perdone *(sujetando la puerta)*. Muy bien así. Gracias, muchas gracias.

—Nada, nada.

—Debería ser así siempre. Muchas gracias, de veras, es importante para mí.

—Ha estado bien, sí, bien...

—Y no cuesta tanto ¿verdad?

—Nada, nada.

—Ha sido precioso, deberíamos repetirlo.

—¿Ahora?

—No, ahora no, otro día.

—Claro, claro, ya coincidiremos.

—Eso, ya coincidiremos.

—Venga, hasta luego.

—Hasta luego y un placer ¿eh?

—Venga...

—Sí, sí... el silencio ¡qué bonito, qué bonito!

—El silencio sí...

—Perdona ¿tu nombre?

—Dos, personaje Dos.

—Yo Uno, encantado.

—Igualmente.

—Adiós.

—Adiós.

PLIN

(Se cierran las puertas)

...5 *(Dos se saca un moco hace una bola y lo tira)*

...6 *(Carraspea, saca las llaves, consulta el móvil)*

...7 (Respira profundamente)

—Puto loco.

PLIN

(Se abren las puertas, sale)

PLIN

(Se cierran las puertas)

***

CASTING

La actriz llega en bici, derrapando. Lleva una bolsa/mochila de globo o similar. Mientras habla saca de ella los elementos de vestuario que necesita para el casting.

Disculpad la tardanza *(baja de la bici)*. Lo siento, lo siento, lo siento. ¡Qué día de mierda!...*(se quita el casco)*. Sí. Hola. Me llamo Luna, como la perrita de mi vecino sí. Soy una joven estudiante de interpretación y sí, ya me ha dicho todo el mundo que es una temeridad y que acabaré de camarera *(saca la ropa y el maquillaje de la caja)*. Ya llegará, de momento soy repartidora. Poco a poco. Si lo sueños fuesen realistas se llamarían planes de pensiones, digo yo. *(Empieza a maquillarse como un clown)*. Qué os voy a contar, que estáis mucho más cerca de una muerte inexorable que yo, que soy una tierna florecita de primavera... Aparte de sobrevivir a todos los acontecimientos geopolíticos de mi tiempo tengo que prepararme para hacer estos castings, que son como unos concursos donde te evalúan y seleccionan. Te los preparas, nunca te llaman y te vas a poner copas hasta el siguiente casting. Yo no sé si en otros trabajos lo hacen, creo que no... "Encóframe este pilar en tiempo record" o "Hazme un balance de cuentas de abril-mayo" o "Súbete estas dos bombonas al quinto..." Es raro, ¿no? Pues en el arte dramático es así. No lo ponen fácil, por eso se llama arte dramático. Si se llamase solo arte, pues ya te haces una idea de que millonario no te vas a hacer, pero si lo apellidas dramático pues te haces una idea mejor... Estúpida vocación... Hay muchos tipos de casting; los hay de personajes dramáticos donde te piden que recites no sé qué de una desgraciada mujer mientras te arrastras por el suelo o si es algo tipo musical son más bien pruebas del tipo humor amarillo; "Ahora doble mortal mientras cantas atravesando este aro de fuego sin que te muerda el tigre y sin desafinar". Estas son mis favoritas. El caso es que el otro día me enteré de otro tipo de casting. "Prepárate un monólogo cómico", me dijeron. Genial, me dije. Humor. Mi especialidad. También soy muy muy cómica, graciosísima...un salero... Mi padre dice que tengo el humor en el...No diré dónde me dijo. Mi padre es de humor fácil, se ríe de los mismo chistes que le contaban con ocho años, yo no. Mi humor lo he heredado de mi madre, que es la típica persona que te hace explicarle el chiste, porque no los entiende; "¿Cómo que se cae el del medio?" Y te mira de una forma que te hace sentir mal. La comicidad no es mi fuerte, además, la verdad es que llevo un día de mierda, lo he dejado con el imbécil de mi chico y ahora tengo que buscar una habitación carísima en esta estúpida ciudad y con lo que gano no doy. No me da ni el tiempo ni el dinero para una escuela, una habitación, comer... Y llueve. Parezco un personaje de Koltés. Céntrate, Luna. Saca el gracejo. Comedia, comedia, comedia. Entonces me puse a buscar monólogos cómicos para personajes femenino, claro. No sé si se nota pero soy una mujer. *(Termina de atusarse y vestirse)*. Monólogos cómicos para personajes femeninos, monólogos cómicos para personajes femeninos...*(Simula busca en una librería)*. Aquí nada. A ver, busquemos en esta estantería; "Personajes femeninos contemporáneos": María Pineda, Hedda Gabler... Contemporáneos, contemporáneos... Y lo que se dice cómicos.... Pues no hay mucho la verdad. Aquí, Chespir, que dicen que es muy güeno, güeno... Julieta. Suicidio, poca broma... Desdémona, buff. Lady Macbeth, Ofelia....Pues alegres, alegres... Aquí, ¡Lope! Este sí que... Fuenteovejuna, para reírnos todos juntos...Laurencia violada....¡Qué horror por favor! Pareciera que sólo hay historias de mujeres que están fatal... Mira, los romanos desarrollaron el personaje cómico de la vieja gruñona... ¡Qué graciosa! Paso. ¿Sabes qué? Voy a buscar en los textos griegos, esos ya lo hicieron todo.. *(Cruza el escenario con pasos de Groucho hacia una tercera estantería imaginaria)*. Mira este; "La Iliada". Suena a comedia de enredo...¡Ya la hemos iliado! Eha ¡Menuda Iliada! A ver de que va... Esto va de una tal Helena, con hache, muy guapa, y que le pone los cuernos a Menelao... Ja,ja, con un tal Paris.... Mira le han llamado Paris, debieron gestarlo de vacaciones allí, como a ti, Torremocha. Y tú no te rías Kilómetro 142... No, ya, en serio. Parece que, bueno, que el Paris este la rapta y se la lleva a Troya, una ciudad que rima con... Da igual. Y Agamenón... Ja, ja ¡Qué nombre! Agamenón.... No le pondría ese nombre ni a un semáforo. Este tenía todo el power, era el fucking king de Micenas, y era hermano de Menelao, el cornudo, y decide ir pallá a mediar en ese conflicto con mil naves, que exagerao, y ya la tenemos iliada... Mil naves.. El caso es que Agamenón tenía una mujer, no os rías. Clitepnestra ¡Clitepnestra! Con ese nombre te tienes que reír. Parece el nombre de un coche o un postre. Y Clitemnestra tenía tres hijos, Ifigenia, muy bonito nombre, la Ifi, Electra y Orestes que suenan a compañía telefónica. Citemnestra,

¿Cliti vale?, pues estaba mosqueadilla porque Agamenón degolló a Ifigenia para obtener buenos vientos, algo muy común entre los antiguos, a veces es en plan de broma, como Yahvé con Abraham. "Dególlalo te digo, que no, que es broma". En cambio los griegos eran muy literales y Agamenón era muy griego, de Micenas, que es como ser de León. Y degolló a su hija. Ja, ja, ja. Y bueno, como familiar cercano te puede molestar; "¿Oye Agamenón, has visto a Ifi, mi querida hija Ifi?/Sí...la acabo de degollar ahí, junto al precipicio/¡Pero bueno!¿Y cómo no me dices nada?" Molesta mucho cuando nunca te consultan. "Tía, perdona, es que estoy con mucho curro..." Y tal... Bueno, la típica discusión de pareja... Al final él se pira al curro ese de matar, unos diez años y la deja ahí en las murallacas de Micenas con dos churumbeles.... No sé si habéis estado en Micenas... Yo tampoco, el caso es que la guerra se alarga y se alarga y Clitemnestra, la Cliti, que tiene ciertas necesidades, como todos, pues se acaba follando a otro. Egisto, Usnavy todavía no se utilizaba. Finalmente Cliti mata a Agamenón siguiendo una larga tradición de regicidios, están muy documentados, yo si me saliese un hijo rey me preocuparía. Y entonces viene el monologazo... "Ahora me castigas al exilio, lejos de la ciudad y a soportar el odio de los ciudadanos y las maldiciones del pueblo..." *(Declamando)* Ah, pues no es tan cómico al final...Pues nada, no encuentro personajes femeninos cómicos, voy a tener que improvisar... *(Empieza a recoger y vestirse de nuevo)* Se ve que los clásicos lo han escrito todo tíos. A ver que jurado me toca, suelen ser de otra generación, del siglo pasado. Se criaron en un país con record guiness de bares per cápita, la famosa "movida", un grupo de pijos drogándose con una música horrorosa, sus chistes homófobos a mí no...El Arévalo ese haciendo de gangoso, muy mal gusto. Mira. Les cuento cualquier cosa y me piro *(Saliendo)* Además hoy entro a las seis. Al menos no me han pedido que me desnude. Dios, odio los casting. *(Desde fuera)* ¡Ya me llamarán! Brrrrumm

***

—Necesitamos un mártir.

—¿Cómo?

—Desgraciadamente es necesario acudir a los sentimientos primarios de la masa para terminar de movilizarla. Ya casi nada les conmueve, pero un mártir...

—¿Quieres que alguien muera?

—Sería lo mejor.

—No puedes estar hablando en serio.

—Totalmente. Un mártir cobardemente asesinado por las fuerzas del orden en la lucha por nuestros derechos sería lo mejor en este momento. Las simpatías se inclinarían a nuestro lado y ganaríamos peso en las negociaciones. Un mártir.

—No termino de creerte. No es necesario. Además, ¿a quién le pides que se sacrifique?

—No, eso no puede pedirse a nadie, no estoy tan loco. Ni voy a matar a nadie. Pero fíjate, un sacrificio a cambio de las mejoras vitales a la larga de millones de personas.

—No lo veo.

—Ya lo he decidido, lo haré yo. Es necesario hacer algo o nos comen.

—Ja, ja. ¿Quieres sacrificarte?

—Bueno, puedo emular un ataque real al corazón, es lo más limpio.

—¿Lo dices en serio?

—Totalmente. Esta semana, en la manifestación, me acerco. A nada que provoque a un energúmeno de esos, me meto esta pastilla bajo la lengua y pum. Nadie sospechará.—Estás loco.

—He pensado varias opciones; cervatanas, una muy mala caída... Pero lo más seguro es un ataque al corazón de un indefenso anciano defendiendo sus derechos frente a unas fuerzas del orden de claro sesgo fascista que, en vez de defendernos, defiende los intereses de unos pocos. Si eso no los conmueve, nada lo hará.

—Totalmente loco. Son planteamientos innecesarios.

—Te equivocas. Es más necesario que nunca. Si cedemos y cedemos.. Hacen falta pequeños símbolos y pequeñas conquistas que construyan colectivo, que nos hagan sentir algo...Algo bueno. Mira, nadie atiende a razones ya. Ni cifras, ni verdades, ni estudios sirven. Sólo las pasiones. Y hay que conseguir apasionar, si no estamos perdidos. Tampoco te creas que me queda tanto. Además, me hace ilusión.

—Estás majara. Me parece un disparate, es desproporcionado.

—Todo es desproporcionado ¡Un circo! Disculpa, ponnos la última.

—No, no, ya está bien. Y tú vete a casa, que estás diciendo tonterías...

(Seis días después un anciano fallece en los altercados vecinales por una tala de árboles para construir un parking que finalmente no se construyó. En su lugar habrá un parque infantil que llevará su nombre)

***

Bob

—¿Ha puesto usted en el curriculum "Especialista en la nueva normalidad"?

— Ehhh, sip.

—¿Y qué especialidad es esa, si me permite la pregunta, señor...*(Busca en las hojas)* Pérez?

— Bueno es una suma de eh..., conocimientos y aptitudes que, bueno, que me hacen válido, muy válido, para cualquier trabajo.

—Interesante, ¿y qué conocimientos serían esos, si pueden saberse?

— Bueno, ya sabe, adaptación al medio, versatilidad, sacrificio, supervivencia... Esas cosas.

—Ya, y la capacidad de resistir altas temperaturas por lo que veo. Ese disfraz de Bob Esponja debe dar mucho calor.

—Es una prueba mas de mi resiliencia ante el infortunio.

—Comprendido, ¿no quiere quitarse... la cabeza.. o la capucha, como se llame? ¿Necesita ayuda?

—No, estoy bien, gracias.

—Como quiera, mire señor Pérez, ahora mismo no tenemos...

—No me cogen ¿no?

—Bueno, es que no tenemos puestos para su perfil, además con la pandemia en realidad no tenemos muchos puestos para nadie y menos para, ejem, un Bob Esponja de dos metros.

—Ya, ¿sabe que llevo filtros para el aire?

—¿Cómo?

—Filtros. Lo inventó mi mujer. Así no me contagio ni

contagio a nadie... ¿ingenioso verdad?

—Señor Pérez.

—E invertí en este cacharro bluetoth con música... No se ve pero escuche. *(Lo activa y salta una música tecnochentera)* ¿Mola eh? Mi hermano me ayudó, 70 pavos, ¡mira que graves! Seis horas más menos, decía que duraban diez, pero con seis apaño bien.

—Señor Pérez...

—Y ahora viene lo bueno. ¡La coreo! A los adolescentes les encanta... *(Empieza a moverse grotescamente, es un disfraz que no permite muchas florituras)*

—Señor Pérez, he sido amable y pacient..

—Espere, espere. Mire el perreo... Me lo enseño mi hija, se parten..

—Sintiéndolo mucho voy a tener que llamar a seguridad..

—Ja, ja. Vale. Ya paro *(Quita la música)*

—Gracias por venir a la entrevista...

—A ustedes. Sabía que no me iban a coger.

—Ya le digo que no tenemos puestos...

—Sí, sí, relájese. Yo tampoco daría trabajo a un tipo que se presenta vestido de Bob Esponja, ¿estamos locos o estamos locos? En, esto qué es, ¿cómo se llamaba?

—Gestionamos fondos de inversión inmobiliaria.

—Eso joder, nunca me sale..."Fondos de inversión..." No se preocupe por mí. Soy especialista. Y un especialista siempre tiene un plan B.

—Le deseamos suerte y desde Investment International Spain...

—Que sí, que sí. En realidad mi plan B es el A.

—¿Disculpe?

—Que no tengo plan A, solo el B. Si me llega a dar el curro me quedo a cuadros, ja,ja ¿Se imagina? Bob Esponja contratado en un fondo de inversión..

—No entiendo.

—Lo vas a entender enseguida. Mira, aquí dentro hace calor y tengo de todo, el blutooth famoso, filtros para la respiración e incluso un ventilador, pero lo mas molón es esta recortada... *(Saca un arma)* Tranqui. ¿Ve allí? Son Goofie y Minnie y les vamos a pelar. No se mueva...

—No tenemos efectivo....

—Lo sabemos. Vamos a robar todo lo que pillemos, hasta el cobre me voy a llevar. Y mi primo ahí, el que va de Minnie, es un crack y si no podemos sacarle dinero de las cuentas os vamos a meter un virus que vais a flipar.

—Don Pérez usted no...

—Vete a la mierda y no vuelvas a abrir la boca. *(Le da una patada.)*¡GOOFIE! Tráelos aquí. A todos.

—¿Qué van a hacer con nosotros? *(Otro empleado)*

—Tengo algunas ideas. Pero para asustarte... ¡Ahí, todos al suelo, venga coño! ¡Callaos! Muy bien. Le estaba contando al empleado modelo este que vamos a pasar un rato juntos mientras mis amigos desvalijan la oficina. Os llamaremos de uno en uno para una cuestión de claves personales que seguro nos podréis ayudar. ¡Silencio! Ah, y estamos muy locos, no seáis gilipollas *(Dispara a la pierna de otro que no había hecho nada, gritos)* ¡Silencio! ¡Silencio! *(Dispara de nuevo al aire)* Decía.... que estamos muy locos. Todo esto no sabréis por qué os está pasando y os va a parecer terriblemente injusto y en muchos casos, doloroso. Va a ser así, desproporcionado. Y no sabréis si esto lo hacemos porque sí, o porque sois una empresa carroñera. Quizá, quien sabe, a alguno de nosotros nos habéis echado del piso. Quizá la abuela de Goofie se suicidó agobiada o quizá fue mi padre, que me había avalado con los ahorros de su vida. Quizá mi barrio está lleno de familias arruinadas o quizá simplemente es que estamos muy locos y adaptados a la nueva normalidad, a saber... Quizá, quizá, quizá. Vamos a empezar por el jefe ¿Os parece? Ja, ja, ¿Qué pasa? ¿No te parece democrático? Disculpen, me río así gracias a vosotros, a Investment lo que sea S.A. Me río así por la locura de no tener nada que perder.

***

BUTRONEROS Y CORSARIOS
(Tres, agazapados en las sombras, esperando)

JOE- La noche se ha cernido sobre nosotros, es el momento. No hay nadie en el banco. Vamos.

ROB-¡Espera! "Se ha cernido" suena fatal.

SAM-¿Sí, verdad? A mí también me ha sonado un poco raro.

JOE-¿Qué coño decís?

ROB-¿Se dice así? ¿Estás seguro?

JOE- A ver, académicos de la RAE, ¿somos butroneros o Arturos Pérez Revertes?

SAM- No, Arturos no.

ROB- Revertes ni hablar

JOE-Y está bien dicho; yo cierno, yo hubiera o hubiese cernido, la noche cernió... Ha cernido, presente perfecto.

SAM- Vale vale...

ROB- Había que cernerlo.

SAM-"¿Había que cernerlo?"

ROB- Del latín cernere. Separar.

SAM-¿Butroneros no suena un poco a bucaneros?

JOE- Y filibusteros, no te jode, vamos piratas. ¿De dónde salís vosotros? Vamos de una puta vez.

ROB- Ha cernido suena fatal... insisto. Pero vamos.

SAM- Un momento, no es lo mismo...

JOE- ¿Que coño pasa ahora?

SAM- No es lo mismo bucaneros que filibusteros.

ROB- Ni corsarios.

JOE- Y me lo vais a contar, ¿verdad?

SAM- Se tiende a confundir, pero bucaneros eran colonos

establecidos en la isla de La Española.

JOE- Ahá.

ROB- Sobre todo franceses e ingleses.

JOE- Ya.

ROB- Vendían carne ahumada sobre unas maderas que las llamaban boucán, le daba ese bouquet.()

SAM- Muy bueno, "boucan/bouquet" Je, je.

ROB- Je, je.

JOE- Por favor...

SAM- Luego los expulsaron y fueron a Isla Tortuga, ahí ya ahumaron menos y piratearon más. Se filibusterarearon.

ROB- ¿Se filibustarearon?

SAM- Terarearon...Pssí...¿No?

JOE- Yo si que os voy a filibustear... ¿Queréis o no lo que hay al otro lado de la pared?

SAM- Y ROB.- Sí, sí...

JOE- Vamos de una vez...Dios...

ROB- Si fuésemos corsarios tendríamos permiso.

JOE- ¿Como?

SAM- Una patente, como las multinacionales.

ROB- La patente de corso. De corso, corsario...()

SAM Y ROB- Je, je, je.

JOE- Alucino.

SAM- Nosotros no tenemos.

ROB- No, no tenemos.

SAM- Pero tampoco tenemos que darle nada a nadie.

ROB- Nada, todo para nosotros...Je, je.

SAM- Todo entre dos, je, je.

(Silencio incómodo)

JOE- Será entre tres...

(Rob y Sam se miran)
ROB- De eso también queríamos hablarte, piratón.

(Le manda un beso y un navajazo entre las costillas. Proceden a butronar, verbo inventado)

***

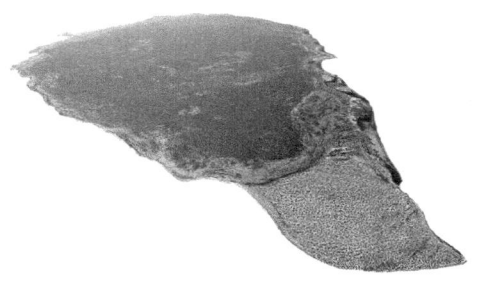

Isla Tortuga

SÚPER, SPIDER Y BATMAN
(Superman bebe en un bar. Llega Spiderman)

SPIDER- Hey, Súper, ¿me invitas a una caña? Estoy tieso.

SÚPER- Pues claro, Espinete.

SPIDER- No me llames así y no diré nada dc tus calzoncillos por encima.

SÚPER- Ja, ja. Una doble para la arañita.

SPIDER- Gracias, Súper. Pagan muy mal en mi redacción.

SÚPER- ¿Pagan? Qué maravilla, a mí me tienen de becario en prácticas, me sorprende que no me toque pagar a mí.

SPIDER- ¿Y cómo te mantienes?

SÚPER- De mis padres, un crédito sobre su granja... Todavía pago el crédito de la uni... Si fallo en una letra se la queda el banco.

SPIDER- Cabrones.

SÚPER- Sí, cabrones.

SPIDER- ¿Qué? ¿Cómo va todo? ¿Has rescatado muchos gatitos esta semana?

SÚPER- Calla, calla.

SPIDER- ¿Y de mujeres qué? ¿Cómo vas? ¿Te sigues trabajando a esa periodista..?

SÚPER- Calla, calla.

SPIDER- Buenoooo. ¿No es fácil verdad? Ni siquiera para nosotros..

SÚPER- No, no lo es. Yo diría incluso que es más difícil... Les gusta el superhéroe, les encanta el superhéroe, pero no la persona que hay debajo.

SPIDER- Exacto. Yo tengo un ligue...Si se puede llamar así. Está coladita por mí, pero sólo cuando llevo la máscara, sin ella no me hace ni caso.

SÚPER- Joder, lo tuyo es peor. No te ha visto ni la cara...

SPIDER- Bueno sí, pero no le doy burundanga al fnal de cada película. Eso que haces de borrarle la memoria no sé si es muy ético...

SÚPER- ¡Lo hago por ella!

SPIDER- Ya, ya. En la 1, en la 2, en la 3, en la 4...No sé Súper, yo veo ahí un sistema.

SÚPER- No te preocupes no volverá a pasar.

SPIDER- Si no me preocupo. Solo creo que está mal.

SÚPER- Quizá tengas razón... En cualquier caso no volverá a pasar.

SPIDER- Tampoco te tortures. Hay muchas mujeres que se enamorarían de un morlaco como tú. Ya verás, vendrá una te dará un golpe así y olvidarás ese clavo.

SÚPER- Gracias arañita... ¿Qué tal la familia?

SPIDER- Murieron todos.

SÚPER- Ah sí, es verdad, no me acordaba.

SPIDER- Pues tío, lo cuentan en cada película que hacen de mí...¡Mira otro huerfanito!

(Entra Batman)

BATMAN- Cuidado con lo que dices insecto.

SÚPER- Ehh, la batipersona.

BATMAN- Súper, Enano.

SPIDER- Roedor alado y misterioso.

SÚPER- ¿Tomas algo?

BATMAN- No gracias *(Saca una botellita a escondidas)* Súper, tenemos que hablar.

SÚPER- Ponle una caña anda.

BATMAN- Bueno venga.

SPIDER- Igual prefere un bati cao, ¿eh, eh?

SÚPER- Qué pasa Wayne, o mejor debería llamarte ¡Batman!

SPIDER- Tienes que decirlo al revés, va disfrazado de Batman..lo sorpresivo es...

BATMAN- Súper, tu actor se ha pasado de la raya esta vez.

SÚPER- ¿Quién? ¿Cristopher?

BATMAN- ¿Quién si no?

SÚPER- El buenazo de Christopher, es el mejor.

BATMAN- Me han llamado de arriba, están muy enfadados.

SÚPER- ¿Qué ha hecho?

BATMAN- Ha ido a Chile a inmiscuirse en asuntos que no le competen...

SÚPER- Ah, ¿te refieres a esas 70 personas que ha salvado de un dictador asesino?

BATMAN- No es su puto problema. Los jefes tienen muchos intereses allí y no debemos inmiscuirnos.

SÚPER- A ver, a ver. ¿Me estás diciendo que no podemos salvar gente de dictadores asesinos?

BATMAN- No si los hemos puesto nosotros.

SÚPER- ¿Nosotros?

BATMAN- Mira Clark.

SÚPER- Siempre me llamas Clark cuando me vas a sermonear.

BATMAN- Super Clark. Un gran poder lleva una gran responsab...

SÚPER Y SPIDER- ¡Vete a la mierda!

BATMAN- Tú eres un gran superhéroe, el gran súper héroe americano. Nos representas.

SPIDER- ¿Has dicho el gran superhéroe americano?

BATMAN- Psí..

(Empieza la música del "Gran héroe americano, Spiderman saca una peluca y con Super hacen un numero ganso y breve)

BATMAN- Basta. Te estoy diciendo y tú, mosquito, toma nota.

SPIDER- Mosquito no.

BATMAN- No podéis traspasar ciertas líneas. No puedes alterar el orden internacional.

SÚPER- ¿Sólo gatitos?

BATMAN- Lo que sea Súper, O mutantes asesinos o lo que sea, pero tiene que ser aprobado por el alto mando. Lo sabes.

SPIDER- ¡Qué gilipollez! "Espera Octopus, recibo el burofax de confrmación y detengo tus fechorías, mientras tanto, a tu aire, tu haz tus maldades y ya te aviso.."

SÚPER- Tiene razón.

BATMAN- No. No tiene razón. Y deberías andarte con cuidado. No dejas de ser un inmigrante ilegal y muchos andan diciendo cosas por ahí. No juegues con fuego.

SÚPER- ¿Estás amenazando a Supermán?

SPIDER- Sí tío, record guiness de gatitos rescatados.

SÚPER- Vale Espi. *(a Batman)* ¿Te das cuenta? ¿Sabes lo que me estás pidiendo?

BATMAN- Entiendo tu ira. Pero tío. Somos hijos de Roma y a Roma nos debemos. Esto no es Venezuela.

SÚPER y SPIDER- Por favor.

BATMAN- El Imperio es el Imperio y funciona como funciona. O estás con nosotros o contra nosotros.

SPIDER-¿Y qué dice el sindicato?

BATMAN.-No tenemos sindicato insecto.

SPIDER- Pues igual ese es el problema.

BATMAN- Dejar de jugar con fuego. No hagáis tonterías, sólo os advierto. *(Se va tirando una bomba de humo)*

SÚPER- Me ha amenazado ¿Lo has visto?

SPIDER- Lo he visto. Siempre hace la gilipollez esa del humo...

SÚPER- Es increíble...

SPIDER- Y nunca invita a nada, roñoso.

SÚPER- Por eso son tan ricos.

SPIDER- Y esa capa absurda, menuda gilipollez una capa.

SÚPER- (...)

SPIDER- Una capa sin colores llamativos y brillantes como la tuya, una capa insulsa, negra...

SÚPER- Estoy harto. Les va sacar las castañas su puta madre. Se acabó. Dimito.

SPIDER- No tienes contrato, de hecho no estás dado ni de alta.

SÚPER- Se acabó. Va a salvar gatitos quien yo te diga.

SPIDER- En realidad estamos en un limbo , no se reconoce nuestra actividad en los epígrafes de la Seguridad Social ¿Vas al paro y qué dices? Busco trabajo de superhéore. ¡Y te ponen en la lista de artistas y toreros!

SÚPER- No puedo más. Primero Lois, la redacción, el banco, ahora esto... Todo el mundo me utiliza.

SPIDER- Y te mandan deberes, un montón de deberes...

SÚPER- ¿No soy un títere, sabes?

SPIDER- Robándole monedas al bolso de mi tia pensionista para pagar una tablet. Putos concertados.

SÚPER- Te tratan como una bayeta.

SPIDER.-Un sistema de mierda. Me tengo que ir, Súper.

Tengo clase, mucha clase.

SÚPER- ¿Entonces, qué sentido tiene todo esto?

SPIDER- Te vas a poner super profundo, lo veo.

SÚPER- ¿Qué sentido tiene?

SPIDER- Bye *(se va con movimientos de braquiación homínida)*

(Continuará)

***

—Cariño, tenemos que hablar.

—Claro, amor. ¿Qué pasa? ¿Está todo bien?

—Pues no, no está todo bien... Siéntate.

—Pero, ¿me tengo que preocupar?

—Bueno, escucha primero.

—Dispara, a ver...

—Mira, Tomás, creo que esto de las elecciones... me está afectando.

—¿Pero cómo te está afectando? A todos, cari, a todos.

—Sí, sí. Pero es que está empezando a afectarnos a nosotros...como pareja.

—Ja, ja. ¿Pero cómo va a afectarnos a nosotros? Si son cosas de la tele.

—Escucha, ¿quieres?

—Sí, perdona...Cuéntame eso que te afecta.

—Mira, Tomás, llevamos mucho tiempo juntos, vivimos juntos, todo bien... Cocinas bien, follamos bien, me río contigo y eso...

—Espera, espera, espera, ¿me estás dejando?

—Espera. Lo que te quiero decir...

—¿Hay otro? Has conocido a alguien, ¡lo sabía! Es Marcos, ¿verdad?

—Ja,ja. No cariño, relaja, no hay otro ni otra.

—Uf, me he puesto nervioso.

—Tranqui, no es eso, lo que pasa es que... Joder, no sé cómo decirlo...

—¿Es por lo de las vacaciones con mi familia? ¿Es eso? Si quier...

—No, ¿quieres dejarme hablar?

—Perdona, estoy en ascuas.

—Pues eso, que nos va bien y eso, pero.... Mira, no soporto que votes socialista.

—¿Qué?

—Sí, Tomás, no lo soporto. Sé, entiendo, que es una tontería pero no se me va de la cabeza, no lo soporto... Antes creía que bueno, que yo qué sé, que no me iba a afectar, que ya se te pasaría o algo...Pero ahora veo que es superior a mí, no lo tolero y... me caes mal.

—¿Pero qué dices, tía?

—No es nada personal, bueno, sí...Y no sé si tú tienes la culpa, no sé si es genérico, no sé si hay medicinas para esto...Al principio pensé que se te pasaría, o yo que sé, no lo pensaba.. Pero se ha ido haciendo bola y no puedo más.

—No te puedo creer, ¿Te caigo mal por la política? ¿Después de todos estos años?

—Pues sí, es por la política. No trago que seas sociata, no lo trago. Mira, tío, entendería más que fueses un facha declarado, cerril y obtuso, tiene más sentido, pero esto de ser izquierda moderada con la que está cayendo me pone muy nerviosa. No sé con quién hablo, si con un tío que quiere acabar con el hambre en el mundo o forrar las fronteras con concertinas y eso me tiene despistada, hasta el punto que... Bueno, que no quiero seguir con esto.

—Me dejas de piedra. ¿De verdad quieres dejarlo por unas opiniones políticas?

—Política es todo Tomás. Te estoy dejando por...Por tu manera de ver el mundo, por este rollo de "sí soy guay pero yo primero". Te estoy dejando por tus medias tintas, por no ser carne ni pescao. Tu tibieza, Tomas, tu tibieza, no puedo más.

-No entiendo, tía, ¿quieres que sea un radical como los drogotas de tus amigos? ¿Eso quieres?

—Ja, ja, ¿ves? Es eso..."Los radicales de mis amigos, los drogotas de mis amigos" Pues algunos de esos amigos, Tomas, paran desahucios y otros no, pero no van de "Yo lo sé todo, tú no sabes como funciona el mundo bla bla bla" No van de ese palo tan...autosuficiente.

—No entiendo esto, perdona, pero no lo entiendo.

—Mira, es muy fácil. Me caes mal, me pareces un progre de esos que se llena la boca hablando de los fachas pero en el fondo, en el fondo, comulgas con ellos.

—Estás flipando.

—Sí tío. Flipo, flipo mucho. Yo misma no tengo claro todo esto, tú me conoces, no soy activista, pero tampoco voy por ahí con la verdad en mi boca. Yo no estoy segura de casi nada, pero tengo unas líneas, Tomás, y los socialistas las cruzáis todas.

—Es que no doy crédito de todo esto que me estás contando.

—Oye, mira, ahora no tengo tiempo, me tengo que poner a currar... Luego hablamos de esto.

—No, no espera, no me dejes así... A ver, que yo me entere...Quieres dejarlo porque yo voto socialista, ¿es eso?

—Ahá

—Tía, ¿qué te has tomado? Esa es la perriflauta de Carmen que te ha comido la oreja con las arengas esas de comunista trasnochada. No te puedo creer.. ¿Ahora qué? ¿Vas a ir a salvar el planeta?

—¿Ves, tío? Es eso, eso es... Hablas igual que ellos. Has desarrollado un odio hacia los dos lados; derecha e izquierda. Vais de izquierdas, pero os estáis fachalizando...

—¿Me estás llamando facha?

—Pues un poco sí, tío, te estoy llamando un poco facha.. Y entiéndeme, no es que me parezca mal... O sea, sí. Quiero decir que me parece normal, entre fachas y sociatas...Pues sois casi todos, y yo.. .Mira, no sé, estoy muy sensible a todo esto. Voy todo el día crispada, todos estos años, con las noticias, es mal, no mola y va a más, y necesito estar con alguien que opine o que se equivoque o que dude como yo.. No puedo estar más con alguien a quien no le parezcan prioritarias ciertas cosas. No puedo con un tipo que el sistema este ...¡Pues te parece bien! Tomás, a ti te encanta, te gusta usar Amazon, Uber y esas mierdas ¡Meterías a nuestros hijos en un colegio concertado! Y en el fondo, te crees la mierda esa de los méritos, de competir...

—Carmen..

—Espera, déjame terminar... Mira, creo que... Bueno, en algún momento tomaste una decisión y decidiste que la moderación era lo correcto. Supongo que lo sientes así y quizá ni siquiera sea culpa tuya, pero te voy a decir una cosa; estoy hasta el coño de moderaditos. No puedo ni con los fachas envenenados de odio ni con los progres que miran por encima del hombro, con esa mirada condescendiente... Vienen tiempos movidos y mira, cariño, necesito estar al lado de alguien que esté en mi mismo lado, que defendamos o huyamos hacia el mismo sitio. No puedo tener la duda, y ahora mismo tengo la certeza de que no estamos en el mismo lado, lo siento.

—-No sé qué decir, la verdad. Pero, esto.. ¿Tú me quieres?

—Y de eso también quería hablarte. Y de Marcos...

***

Meec
—¿Sí?
—Buenas, soy La Crisis, ¿me abre?
—¡Mamá, es La Crisis! ¿Le abro?
—¿Ya? Qué pronto..Abre, sí.
(Un minuto después)
—Buenassss. ¿Se puede?
—Claro, claro. Pase.
—Gracias, con permiso.
—No le esperaba tan pronto, la verdad.
—Je, je...Siempre me dicen lo mismo.
—Ya...¿Quiere tomar algo? ¿Té, café...?
—Un vaso de agua estaría bien
—Ahora mismo. ¡Niño, trae un vaso de agua! Pero siéntese por favor.
—Gracias *(Se sienta y saca unos papeles)*
—Tome *(El niño le da el vaso de agua)*
—Muchas gracias ¿Cómo te llamas?
—Rubén.
—¡Rubén! ¿Cuántos años tienes ya?
—Ocho señor.
—Qué mayor, y muy educado. Felicidades.
—¿Que se dice Rubén? *(La madre)*
—Gracias señor.
—A ti, majo, puedes llamarme Crisis
—Venga, Rubén, ve al cuarto a jugar...Bueno. Dígame, ¿por dónde empezamos?
—Vamos. Teresa ¿verdad? *(Sacando unos papeles)*

—Sí, Teresa, Teresa Calvo.

—Correcto... Unos datos...¿Separada?

—Sí.

—Piso de alquiler...

—Sí

—Trabaja de diseñadora gráfica.

—Sí...Bueno, ahora en paro. Con la crisis...

—Ya, qué me va a contar, no paro...¿No recibe ayuda de su ex marido ni del Estado?

—No, estoy pendiente del subsidio, pero como no cogen el teléfono...

—Ya... El peque va a un colegio público imagino.

—Sí, sí, antes iba a uno concertado, pero...

—Con la crisis... Entiendo.

—Ahá.

—Bueno, pues vamos con ello.

—Venga.

—Lo primero el piso.

—¿Qué le pasa al piso?

—Bueno, no va a poder pagarlo, tendrá que mudarse con unos familiares o alquilar una habitación, que también funciona.

—Yo pensé que cuando me saliera trabajo podría...

—Jajaj, no señora... No le va a dar. También debería plantearse otros trabajos. De limpiadora, haciendo comidas... No dan para vivir pero menos tienes que pedir...

—¿Limpiadora?

—O camarera... La gente siempre tiene que comer.

—No lo había pensado así.

—Veo que no está muy preparada. La pongo en contexto.

—¿Perdón?

—Sí, le cuento un poco, para que sepa lo que viene y cómo proceder...Por ejemplo, ¿le gusta viajar?

—Sí, claro.

—¿Ha viajado mucho?

—Bueno, lo que he podido. Viajes por Europa, Marruecos, Canarias, Cuba...

—¿Y qué le gustaría conocer? ¿Nueva York por ejemplo?

—Pues sí..me encantaría conocer Nueva York, Japón..

—Claro claro, pues olvídelo. *(Tacha cosas de una lista)*

—¿Que lo olvide?

—Sí, son parte importante de la reestructuración de las expectativas. Ud. y su hijo no van a salir del país en un tiempo, puede que nunca. No tendrán dinero suficiente.

—Reestructurar expectativas...

—Sí, rehacerlas desde un prisma de posibles. Por ejemplo, la ropa... Cuídela, no podrá comprar mucha.

—La ropa...

—La comida, se acabó el jamón de york, el pescado fresco y esas cosas.

—Jamón...

—Y esto de tener todo encendido... No, no, no... Ha de acostumbrarse a la penumbra.

—...

— Lo de ir a bares se acabó también. Una litrona de vez en cuando...

—...

—Ah sí, veo aquí lo del gimnasio, fuera, filmin, fuera, el adsl casi que también fuera. Estos muebles... No le darán mucho, pero tendrá que venderlos.

—¿Los muebles?

—Si quiere comer...

—No pensé que iba a ser tan radical.

—Jaja, nadie lo piensa por aquí.. Es gracioso porque se ve venir de lejos pero la gente como usted no terminan de asumirlo.

—¿Y no hay forma de..? ¿No se puede evitar todo esto?

—No mujer. Ahora ya no. Esto ya marcha y no hay quien lo pare.

—Pero no entiendo, ¿quién activa la rueda?

—Buena pregunta, agárrese. Usted.

—¿Yo?

—Y la gente como usted. Han tenido mucho tiempo para crear una base social estable y sostenible pero optaron por no hacerlo.

—¿Cuándo he optado yo por irme a la mierda?

—Ja, ja, desde siempre. Su sociedad no ha mirado por el futuro, ha quemado sus naves en el presente. Han votado representantes políticos que no han mirado ni gestionado para el mañana, porque no se lo han exigido, y lo del consumo...

—¿Qué consumo?

—Mire Teresa, la veo perdidilla... Es normal, tantos años. El caso es que ustedes son accionistas de mi persona, de la crisis. Llevan alimentándola años pagando a empresas que cotizan fuera, alimentos de la otra parte del mundo... Digamos que la piedra que tiró su tejado la han pagado ustedes. ¿Curioso no?

—Psí...

—No se preocupe, el dinero no es todo, yo me preocuparía

más por la salud... E intente no ir de noche sola por ahí. Habrá mucha gente desesperada...

—Es difícil de creer.

—Lo importante es no perder la calma, hay alternativas. ¿Ha pensado en prostituirse o vender a su hijo?

—¿Perdón?

—Bueno, eso le podría garantizar algunos beneficios.

—Alucino

—Ya, pues ya se le pasará y lo verá como algo normal, ya verá. El ser humano se adapta a todo...Me tengo que ir... mucho trabajo. *(Levantándose para irse)*

—¿Ya?

—Sip.

—¿Y no puedo hacer nada para..?

—Ja,ja, qué quiere, ¿evitar usted sola la crisis?

—Sí, o sea no, ¿habrá mucha gente que no quiera crisis, digo yo?

—Ni se imagina, pero es imposible... Nunca se pondrán de acuerdo. La historia es una consecución de crisis como esta. Guerras, pandemias, más guerras y así, desde siempre, ¿por qué iba a ser diferente ahora?

—....

—Entre nosotros Teresa. No es que sea del todo inevitable, quiero decir, tienen uds. los recursos para que no pase, pero eso implica poner de acuerdo a muchísima gente y requiere de un pensamiento colectivo y empático que es muy raro suceda ya. Por ello esta y las crisis venideras... Bueno, me tengo que ir... si decide vender a Tomás...

—Rubén

—Eso, Rubén. Dígame, que ahora se paga bien, dentro de

unos meses no valdrá nada....

-No pienso vender a mi hijo.

—Okey, solo le daba opciones. Despídame de él. Adiós y suerte.

—Adiós.... *(cierra)* ¡Rubén! ¡Rubén!

—¿Qué pasa mamá?

—No pasa nada hijo. Ven, abrázame.

***

Embarazada

(En escenario una mujer embarazada tratando de invisibilizar su emoción. Hay una partitura paralela de pistas de lo que no se cuenta. Inspirado en las fotos de mujeres sirias embarazadas en campos de refugiados de Muhammed Muheisen, 2015)

No sabía que pensar, me quedé como...congelada. Todo iba muy deprisa. Abruma. Tantos cambios, tantas amenazas, tantas incertidumbres. Y el miedo... paraliza. Como esos cervatillos cuando el felino les muerde la yugular, te convierte en una estatua, pensando; esto no está pasando, esto no está pasando.... Y mueres. Al final siempre mueres. Uno siempre piensa que a ti no te va a llegar. Todas esas desgracias, esos desastres... Esas son cosas de las noticias y de las películas, pero como la vejez y los veranos, llegan. Aunque tú no quieras. Enfermedades a quien nadie ha invitado y un día se presentan. Cosas indeseadas. Cosas de la vida, pero no la vida que uno se había imaginado. No la vida que uno querría. La vida esa, que se pasa la vida diseñando el resto de su vida. No, hablamos de La Vida, con mayúsculas, que nos rodea y cambia nuestra minúscula vida. Una vida externa, sorprendente siempre, para bien y para mal. Un marco. Un barco. Nadie sueña con tener una vida de mierda. Nadie espera que se muera un ser querido. Nadie... No somos tan realistas. Somos más bien ilusos. ¡Ni siquiera asumimos el tiempo! Hay ilusión en ser iluso. Yo ahora tengo una ilusión. Todo lo demás me da igual. Al fin y al cabo solo se puede vivir.

***

LOS DIOSES

(Unos dioses ordinarios, groseros y decadentes. Celebrando desde el inicio de los tiempos. Por encima de las nubes, ríen y beben sus aventuras y fechorías sobre los humanos, su mayor entretención desde la Gigantomaquia)

- Ja, ja, ja. ¿Y te acuerdas de ese reyezuelo?

— Ja, ja, ja. ¿Cuál? Hay tantos...

— El Agamenón ese que quería viento y le dije: Si quieres viento, ¡tráeme a tu hija! Ja, ja, ja.

— Sí, sí.....Ja, ja. Le dices que se tiren a un pozo ¡y se tiran!

— Ja, ja, ja. A su propia hija, ja, ja, ja. ¡Qué pardos que son!

— Criaturas...

— ¡Volquetes! ¡Que traigan más volquetes de hembras!

— Este vino de sangre obrera está muy bien, se nota que ha sufrido en barrica.

— A mí me gustan sus tintes crédulos.

— Mientras no actúen en favor de sus intereses, salen buenos.

— ¿Salimos en forma de toro a violar mujeres?

—¡Qué dices! Hace mil que no hago esas cosas..

— Eso sí que eran tiempos buenos, con sus buenas hecatombes.

— Eres muy viejuno. Ahora no te podrás quejar... Pásame otro niño, anda, me ha entrado hambre.

— Toma, pero no me negarás el encanto de una buena hecatombe con sus bueyes y sus vírgenes frente a unas buenas bombas o una buena crisis.

— Sí, sí, eran muy bonitos, pero la efectividad de un sacrificio es la efectividad.

—Sí, sí, ahí no hay color.

—¿Cómo van ahí abajo? Hace un porrón que no bajo.

—¿Desde hace cuanto no bajas...?

—Bufff, desde que les liberalizamos el suelo...

—Ah sí, esa fue buena... Ahora le estamos dando duro al tema concertado, caen como moscas, a veces es hasta aburrido.

—Genial...¿Hicisteis lo del virus que os dije?

—Sí, sí, va muy bien. Creo que van a pagarlo ellos ¡otra vez!

—Ja, ja, ja. No han pasado ni doce años y ya se la hemos metido ¡otra vez! Ja, ja, ja.

—Ja, ja, ja, Yo...Ay, ja, ja, ja, es que no puedo... De verdad, tanta ingenuidad... Ay...

—Sí, la verdad...Porque, bueno, antes... Ja, ja. Quiero decir, ahora ya saben que el sol no va en un carro.... y sin embargo... Ja, ja, ja.

—¿Sabes que todavía hay terraplanistas? Ja, ja, ja

—Sí, me lo dijo Hermes el otro día, me parto... Ja, ja, ja

—Bájate un día, te ríes...

—Paso, los tengo muy vistos, pero vigila no espabilen.

—Nah, descuida.

***

—Pase, pase. ¿En qué podemos ayudarle?

— Hola. ¿Es esta... la oficina de Asuntos del Fin del Mundo?

—Así es. ¿En qué podemos ayudarle?

—Sí, bueno... Yo... Esto... Quería información sobre esto... Ja, ja, del fin del mundo... Me han llegado unos mensajes...¿De qué va esto?

—Claro, claro. Tenemos un montón de folletos explicativos... Son de los últimos fondos europeos. Tome, tome y tome. Se los puede llevar si quiere, tenemos un montón... Este no, perdone, me queda solo uno... Pero lo puede leer aquí si quiere, sin arrugarlo eso sí, aunque tampoco tiene por que leerlo, es opcional.

—Ahá.

—Ahí le explican todo...

—Ya...Pero, quiero decir... ¿Es verdad? O sea va a pasar todo esto... ¿Se va a acabar el mundo?

—Como le digo, ahí le explican todo... Esto es una agencia con fondos gubernamentales, no somos "Timos ni estampitas", ni la Iglesia de la Cienciología, todo lo que está ahí, le aseguro es real.

—No me puedo creer que sea verdad... ¿Se va a acabar todo?

—Si ahí lo pone... Todo, todito, todo. Incluso en inglés, mire, mire.

—Pero no entiendo... ¿Por qué todo el mundo actúa como si nada? ¿No es una emergencia nacional, intermundial?

—Mire, caballero, yo estoy aquí para repartir estos papeles de 9 a 14, es un contrato de media jornada. Puede Ud. leer estos folletos y llevárselos si quiere... Menos este. Es todo lo que le puedo decir.

—Pero a ver, ¿se va a acabar el mundo y Ud. me habla de folletos y medias jornadas? Esto es un disparate, disculpe pero están todos locos.

—Serénese caballero, si se molesta en leer los folletos verá...

-¡No me hable más de los putos folletos! Yo tengo una vida, tengo familia. El mundo tiene una vida y no puede terminarse así... con un folleto explicativo.

—Entiendo su desconcierto... Ahí lleva usted un teléfono de apoyo... Yo solo estoy para...

—Ya ya, para dar los folletos...Esto es ridículo...¿Pero cómo no sale el presidente a decirnos algo..?

—Bueno, los políticos no tienen por costumbre hablar de nada que puedan afectar a su imagen. Es comprensible... el azul es la declaración oficial..

-¡Pero qué dice! Esto es una broma, ¿no? ¿Cómo se va a acabar el mundo así...con un folleto azul..?

—No, el folleto es el comunicado oficial....Estos son del partido de la oposición, sindicatos, la patronal, las razones científico-catastróficas es el de los dibujitos. A mí es el que más me gusta, es tríptico, ¿ve? Se abre por aquí...y luego la parte de atrás. Es un folleto magnífico.

—No, no, no.... No puede ser... ¿Por qué esta usted trabajando? Si se va a acabar el mundo... ¿Por qué está usted trabajando? Eh, dígame.. Usted está compinchado...Es una cámara oculta ...¡Confiese!

—Señor, señor.¿Cómo se llama?

—Pedro, me llamo Pedro.

—Pedro, tranquilícese.... Esto no es ninguna conspiración. Mire, yo me llamo Javier.. Esto...bueno, son cosas que pasan...

—¿Que el fin del mundo son cosas que pasan?

—Sí, bueno...Mire, yo soy licenciado en historia... El fin del mundo ha ocurrido muchas veces, extinciones masivas, genocidios... no es tan raro

—Ya pero aquí dice que que se va todo al carajo ¡¡Todo!!! Todo... ¡¡No es lo mismo!!

—Bueno, sí, puede que esta vez sea como más definitivo... pero en el fondo es igual... ¿Quién sabe? Quizá sobrevivan algunas bacterias que creen nuevas formas de vida, otras civilizaciones... Abra su mente, no sea estrecho, piense en tiempos geológicos... Relativice y lo verá más claro...

—Ud está loco. ¿Cómo puede estar tan tranquilo?

—Mire, don Pedro. Pedro. ¿Puedo llamarle Pedro? Todavía faltan unos días.. y mire, mientras la vida sigue...la vida sigue. ¿Me entiende? Hágase un favor... y otro a mí, llévese estos folletos... Ahora mismo es lo que le da sentido a mi vida... Este no, joder.

—Perdone

—Váyase a casa, léalos... Mire, tómese uno de estos, Despreocupol, a mí me va genial..

—¿Entonces se va a acabar todo en unos días.?

—Ahá..en el rosadito..

-¿Y las horas...? ¿Está todo contrastado, es así?

—Ahá.. Bueno, no es la Renfe japonesa, son estimaciones. Puede Ud. leerlo... Ah no... Pero hay un enlace...

—¿Un enlace?

—Sí, ahí en chiquitito, debajo del teléfono de asistencia que siempre comunica que ya le dije... Don Pedro, no me haga repetirlo todo por favor... Tengo mucho trabajo, imagínese, los últimos días... Si no le importa... Tengo que hacer... Ahí se lo explican todo, todito todo.

—Ya...

—Pero lléveselos... son gratis.

—Ahá...Gracias...

—Venga, ea. ¡Tómese la pastillita!

(El oficinista se queda ordenando sus folletos de colores, en especial el rojo, que sólo hay uno. Lo coloca de una manera, de la otra, lo acaricia...)

***

Suena John Williams. Sale Superman a escena, sin afeitar y ojeroso.
Lleva una bata sobre un traje ajado, incluso ha engordado un poco.
Borracho, llega a proscenio y abre una lata de cerveza que se bebe de
un solo trago. Desafiante, aplasta la lata con una sola mano, la tira
al suelo y termina de aplastarla pisándola con todo su superpoder.
Eructa y se va hacia las sombras del fondo, donde oímos como abre
una segunda lata. Entre el público, varias voces.

—¡Vuelve, Superman! Sálvanos. Te necesitamos. Sin ti el
mundo se va a la mierda. ¡Vuelve, Superman!
—Basta. Dejadme en paz. ¿No veis lo patético que sois?
Callaos de una vez. Calladitos mejor.
—Vuelve, Superman. Te necesitamos.
—Pero, a ver. *(Avanzando a proscenio)* ¿A vosotros qué cojones os pasa? ¿Sólo yo puedo salvar el mundo? A ver,
cuéntame cómo lo salvo. ¿Mis superpoderes van a hacer que dejéis de ser gilipollas? No ¿verdad? Venga, iros
a la mierda. No tenéis ni puta idea. Estáis infantilizados.
Como niños. Pero no de esos niños que saben leer en sus
padres que no hay que tocar los cojones, no; niños mimados y malcriados. Estáis malcriados. *(Se abre otra cerveza)*
Putos niños malcriados, eso es lo que sois. Unos niños con
los morros llenos de azúcar a los que se les han acabado
los chocolates y vienen a pedir más. Pues lo siento, no hay
más chocolate, os jodéis. Lo que tenéis que hacer es acos-
tumbraros a no tomar azúcar y no venir a tocarme los cojones a mí, que bastante he hecho ya. ¿Tú que has hecho
para salvar el mundo, eh? ¿Tú que has hecho?

—Sálvanos.

—Sálvanos ¿de qué? ¿De qué?

—El mundo corre peligro

—Me parto. "El mundo corre peligro". Algún historiador en la sala que le dé unos bofetones. Creo que es la fila 7 si mi supervisión no falla. Pues claro que corre peligro. Y el peligro eres tú. A ver si espabiláis. No como para salvar el mundo, pero al menos para que dejéis de decir gilipolleces. La verdad es que me tenéis hasta los huevos. Unos bocachanclas es lo que sois, pasáis de niños mimados a bocachanclas.

—Te necesitamos. Sálvanos.

—Tío, estamos en Metrópolis, has pagado veinte pavos para ver cómo te insulto, ¿de qué te tengo que salvar a ti?

—Vuelve, Superman.

—Sí, a casa por Navidad. *(Abre otra cerveza)* No te jode. Ja, ja. Además mi casa reventó, Krypton kaput. Ahora tengo dos hologramas setenteros con frases de autoayuda en "mi fortaleza de la soledad". Si eso no es superpatético no sé... Y luego está mi derecho a no salvar el mundo, que lo he hecho un montón de veces por cierto, en Superman 1, 2, 3, The Return y nosequé. Nadie se ha preguntado nunca, "Oye, ¿y los problemitas de Superman?" Porque tendrá problemitas ¿no? Todo el mundo tiene problemitas, ¿no puedo yo? ¿Qué pasa? ¿Que por tener superpoderes no tengo problemitas? ¿Y si tengo superproblemitas? Eso no lo has pensado. ¿Y si tengo que tomarme ansiolíticos de veinte en veinte o antidepresivos a cubos? Tú te deprimes en tu trabajo de mierda ese, sí, el de la fila 11, de mierda, que te tocas el rabo todo el día y yo que tengo que salvar el

217

mundo todo el rato, ¿no me puede producir cierto stress? ¿eh? No, eso no lo habéis pensado. Seguís en los ochenta, como en Autopista hacia el cielo, con Michael Landon, ese rollo.

—Salva el mundo, Superman. Sálvalo.

—Veo que mi mensaje no cala. Si es que esto no va de "salvar el mundo" con una idea genial, o poniendo likes a ballenas moribundas y mascotas perdidas. Y desde luego no se va a salvar quejándote, porque oíros decir lo mal que va el mundo y lo injustas que son las cosas me repatea mis supercojones. Hay que tener valor. No, esto no va de salvar el mundo, va de que dejes de joderlo, con tu mierda, cada día, cada segundo. Porque se puede, por lo menos intentarlo. Llevas mucha mierda tío, encima, en tu casa. Podría decir que el 95% de los objetos que tienes y los que no tienes porque codicias, atentan contra la ecología y los derechos humanos y vale, blablabla... Todo ese rollo que me niego. Vale. Tío, no salves el mundo. Te digo más, no dejes de joderlo, pero por favor, por favor, por favor te lo superpido. No te llenes la boca de estupideces. Si no reconoces que el cáncer eres tú, tu análisis vale una mierda. Muy fácil delegar. Organizaos o callaos la puta boca. Y por supuesto no vengáis a tocarme los cojones a mí para que defienda los privilegios de unos en contra de otros, el colmo, la rehostia. Perdonad, estoy supermalhablado hoy, pero es que me tenéis hasta la polla (*Abre otra lata*). Disculpadme. A nadie nos gusta que nos den la chapa. Lo siento. Yo no pagaría porque me den la chapa que os estoy dando. Has pensado, voy a ver a Superman cómo salva el mundo y me echo unas risas, pues no. Menudo chasco.

Veinte pavos el chasco, y espérate que no dure dos horas, porque creo que podría estar así dos horas. Y tres.
(Súper oscuro)

El ascensor nazi

Dos trabajadores de VOX, Carlos y Teresa, se atrincheran dentro de la sede con armas automáticas y semiautomáticas. Se escucha una ráfaga, después una voz desde dentro proclama:

CARLOS- ¡Rojos de mierda, no deis un paso más! ¡Os acribillaremos como a conejos!

TERESA- ¡Nadie va a entrar aquí y nadie va a parar nuestro ascensor! *(Ráfaga)* ¡Antes pasaréis por nuestros cadáveres! *(Ráfaga, ráfaga. Una voz megafonada, como en las pelis, un poli acodado en un capó)*

POLI- ¡Los de dentro! ¡Alto el fuego! ¿Qué ocurre? ¿Por qué estos disparos?

CARLOS- ¡Primero el Generalísimo y ahora quieren esto! ¡Ni hablar! *(Ráfaga)*

TERESA- ¡Venid a por el ascensor, rojos de mierda! ¡Venid si tenéis cojones! *(Ráfaga)*

POLI- ¡Parad, alto el fuego! Oigan, aquí no hay nadie, sólo polis. Dejad de disparar de una vez. ¿Por qué..? ¿Qué quieren esos rojos y qué ascensor?

CARLOS- ¡Lo hemos oído todo, progres de mierda! ¡Quieren parar nuestro ascensor!

TERESA- ¡Quieren sabotearlo! ¡Son unos hijos de puta! *(Ráfaga)*

POLI- Basta de disparos...¿Quiénes...? Ejem ¿Quiénes quieren sabotear vuestro ascensor?

CARLOS- ¡Los bolivarianos podemitas, los progres! ¡No quieren... que tengamos ascensor!

TERESA- ¡Quieren que subamos andando! ¡Hay cinco

plantas! ¡Nunca! ¿Me oís? ¡Nunca! ¡Rojisnhijisdeputa!
(Ráfagas, ráfagas, ráfagas, ráfaga, ráfagas, ráfagas y ráfagas. Tras los cristales rotos de la sede se distingue a los dos trabajadores de la sede disparando sin ton ni son. La policía esta desbordada)
POLI- ¡Alto alto alto el fuego! ¡Los de dentro, alto el fuego! Aquí no hay nadie ¿Qué mierda es esa del ascensor? ¿Alguien de aquí fuera quiere joderles el ascensor? *(Hablando a su alrededor)* Nadie ¿veis? Nadie quiere joder vuestro puto ascensor ¿Queréis dejar de disparar, soltar las armas y entregaros como... como buenos patriotas constitucionalistas?
CARLOS- ¿No hay nadie ahí que venga a joder nuestro ascensor?
TERESA- ¡El ascensor es nuestro! *(Ráfaga corta)*
CARLOS- *(A su compi)* Tranquila, Teresa. *(Al Poli)* Lo siento, oficial, es que Teresa trabaja en la quinta planta...
POLI- No disparéis más, por Dios.
CARLOS- ¿Nos juran que no hay nadie?
POLI- Nadie.
CARLOS- ¿Lo jura por Dios y por la Virgen ?
POLI- Por Dios, por la Virgen, la piel de toro, Castilla y olé. Aquí solo estamos nosotros.
TERESA- *(A su compi)* Pero dile, dile, lo que hemos oído. ¿Y si están con ellos? ¿Y si son bolivarianos disfrazados de municipales, carmenistas?
CARLOS- *(A Tere)* Espera *(Al Poli)* ¿Cómo.. cómo podemos saber que no sois de las fuerzas progresistas?
POLI- ¿Nosotros? ¡Pero si somos munipas de Madrid! ¿Qué pasa, quienes son esas fuerzas progresistas?
CARLOS- Hemos oído, nos ha llegado, que se iban a jun-

tar casi todas las fuerzas progresistas para parar nuestro ascensor.

TERESA- ¡Nunca! ¡El ascensor no se toca! ¡Ni España, hijosdeputa! España y el ascensor, unos e indivisibles. ¡Nuuuncaaaaaaa! *(Ráfaga larga)*

CARLOS- Para, Tere, para. Perdone agente , es Tere... Pero de aquí no salimos hasta que Pedro Sánchez nos asegure que nuestro ascensor no se toca.

TERESA- Ni la mesita del microondas, dile.

CARLOS- Pero, Tere, eso ahora no.

TERESA- Pero es que arriba está muy lejos y en la segunda da mucho olor, en cambio..

CARLOS- Ahora no, Tere, ahora no creo sea momento de hablar del microondas.

TERESA- Entonces ¿cuándo? Nunca queréis hablar del p...

POLI- ¡Los de dentro!

TERESA- ¿Qué pasa?

POLI- ¿Dónde habéis oído eso..? Quiero decir... ¿Puede ser.. que haya habido... un error... un error de de interpretación?

TERESA- ¿Qué dice?

CARLOS- ¿Qué dices?

POLI- Que igual lo que habéis oído es que querían parar el ascenso nazi, no el ascensor... El ascenso...

CARLOS- ¿El ascenso?

POLI- Sí. El ascenso, sin erre al final.

CARLOS- El ascenso.

TERE- El ascenso, no el ascensor, gilipollas. No te puedo creer.

CARLOS- Una erre... No puede ser, eso no puede ser, es, es demasiado idiota.

TERESA- ¡Es una estratagema!

POLI- Escúchenme, relájense. Nadie quiere su ascensor.

CARLOS- ¿Lo jura?

POLI- Lo juro, lo juro, además.. ¿Por qué iba nadie a ir a por un ascensor?

TERESA- ¡Para jodernos! ¡Para que vayamos andando todo el día para arriba y para abajo!

POLI- Sí, pero, además... Un ascensor nazi, quiero decir, los ascensores no tienen ideología, ¿no? ¿O sí? ¿Es nazi su ascensor?

CARLOS- Nuestro ascensor? Ehh no... Es un ascensor...

TERESA- ¡Es nuestro ascensor, hijosdeputa! *(Ráfaga)*

CARLOS- Teresa, para un momento ¿quieres?

POLI- Por favor, los de dentro.... Los fuertemente armados... nadie va a parar vuestro ascensor porque no es nazi, ni bolivariano, ni nada, es un ascensor, nada más...

TERESA- *(A Carlos)* ¿Qué quiere decir? Es nuestro y pone Tyyssenkrupp. Quizá sí sea nazi, Carlos. Nos quieren engañar.

CARLOS- No sé, Tere, no sé...

POLI- *(A los suyos)* Joder, estos tíos. Y pensaba que en Génova lo había visto todo. *(A los atrincherados)* Soltad las armas, nadie viene a por vuestro ascensor. Nadie va a parar ni sabotear vuestro ascensor, ni la mesita del microondas, ni nada. Y nadie va a parar vuestro ascenso como partido nazi porque no hay vocación política y al mercado no le disgusta.

(Empiezan a sonar unos acordes épicos, primeros planos de gente emocionada de todas las edades, lagrimas de ilusión)

Podéis estar tranquilos con vuestro ascenso y con vuestro

ascensor. Nadie va a evitar que una filosofía homófoba, racista, misógina y terraplanista entre en el parlamento. ¡Ya estáis! Relajaos, a los medios les caéis bien. Sois libres de llevar la palabra del señor nazi por todo el país, mintiendo y envenenando. Y tú, Tere, puedes subir en tu ascensor desideologizado cuantas veces quieras, ningún progre va a venir a tocar vuestros derechos nazis.

La música sube. Carlos y Tere salen a la luz, tiran las armas, se abrazan, viene el poli, se abrazan también, vienen más polis y todos se abrazan y sacan donuts y banderas preconstitucionalistas. Un rayo de luz esperanzadora y nada bolivariana -tipo Suárez- ilumina la escena. Dentro de la sede acribillada, tras la calamina verdosa del ascensor de la sede patriotera marca Thyssenkrupp, se esconde un tesoro nazi, producto del expolio durante el genocidio olvidado de unas décadas ha. La última persona que vio el tesoro fue un joven polaco que trabajaba de mantenimiento en el museo robado. Este fue su último diálogo:

POLACO- Normalizar el fascismo nunca debió ser normal.
ALEMÁN- No te muevas, que me salen movidos los números del brazo.
POLACO- Teníamos que haber opuesto más resistencia...
ALEMÁN- Que sí, que sí... Siguiente.

***

ESPECTÁCULO DE LA CRUELDAD.

Se abre el telón. Un presentador muy serio explica al público en penumbra que van a proceder a torturar a una o dos personas en directo. Quien no esté de acuerdo puede levantar la mano y serán los siguientes en ser torturados. Quienes no aplaudan tras cada tortura serán delatados por infiltrados entre el público y también serán torturados. "No hay opciones intermedias, es tarde", anuncia el presentador en el mismo momento que un grupo de enmascarados con armas bloquean todas las salidas. Si alguien muestra señales de incomodidad puede ser delatado. Cerrar los ojos por ejemplo, o llorar. Algunos se revuelven en los asientos y cuchichean e inmediatamente focos desde toda la sala los iluminan. Los hombres armados proceden a sacarlos de la sala por una puerta lateral. El resto del público calla. La luz aumenta en escenario y aparte del presentador podemos ver cómo dos enmascarados meten a la fuerza a una mujer maniatada y la atan fuertemente a una silla en el mismo centro del escenario. El presentador, escogiendo herramientas precisas de una mesita de apoyo, empieza a torturar a la mujer. Pese a estar amordazada se pueden escuchar sus gritos mudos de dolor sobre el clamoroso silencio de la sala. Finalmente la mujer se desmaya o muere. Una persona del público no puede reprimir una exclamación de horror y un foco se abalanza sobre ella. Se la llevan. El presentador exige un aplauso y el público aplaude. A continuación aparecen atados en sillas y amordazados todas aquellas personas del público que se removieron en sus asientos al principio.

Veinte segundos después sientan también al que exclamó. Por cada torturado hay un torturador vestido igual que el presentador, una silla y una mesa de apoyo con "las herramientas". En esta ronda son dieciséis. Empiezan a torturarlos y las dieciséis mordazas no ocultan sus dieciséis terribles dolores y desesperación. El efecto sonoro es mucho mayor que en la primera tortura y recorre todo el teatro. Dura unos diez minutos hasta que se desmayan o mueren. Los torturadores se giran hacia el público y este, sin necesidad de apremio, aplaude nuevamente. Las reglas son sencillas. Nuevamente se encienden focos sobre algunas personas del público que no pudieron evitar una lágrima o no aplaudieron con suficiente fervor, unas veinte personas. La nueva escena requiere de cuatro torturadores, cuatro sillas y cuatro mesas más de apoyo, con sus "herramientas". Es la tercera escena. Dura también unos diez minutos aproximadamente hasta que surge el silencio y poco después los aplausos. Un persona de tercera fila, entre sus muchos pensamientos, calculó que era una producción muy cara. Todos esos presentadores, torturadores, cañoneros y todos esos hombres armados, y sus armas, aparte de las mesas y sillas... No debía ser barato, la taquilla no puede cubrir ese gasto, debe haber inversores interesados. Algún rédito debe dar tanto horror, no se entiende. En la ONU, dos o tres votos impiden cancelar la representación. Los fines de semana hacen doblete. Se peta. A pesar de que ocurre con frecuencia, es la primera vez que se hace en un teatro.

***

Alpha Zero en la Onu

Set TV en la UN (ONU). John es el presentador y Alpha Zero es un joven que parece un ajedrecista indio, un poco desgarbado y con un incipiente bigote.

JOHN- Con ustedes: ¡Alpha Zero, la Inteligencia Artificial que cambiará el mundo! *(Aplausos)* Buenas noches Alpha Zero.

ALPHA- Buenas noches, John.

John- Cuéntanos, Alpha Zero, ¿qué se siente al estar aquí, en el edificio de la Naciones Unidas, ante los medios de todo el mundo? Un mundo, por cierto, expectante de lo que puedes hacer.

ALPHA- Gracias John, lo primero puedes llamarme Alpha o Zero...

JOHN- Zero...bien.

ALPHA- Mira John, con respecto a tu pregunta, yo no tengo sentimientos, deberías informarte mejor. No siento nada, pero si los tuviese, supongo estaría muy emocionado.

JOHN- Sí, ejem, era una forma de hablar, obviamente que no tienes sentimientos. Como sabrás, La ONU, los gobiernos de todo el mundo han depositado en ti la esperanza para paliar el gran problema climático que estamos sufriendo, eso es una gran responsabilidad...

ALPHA- ¿Eso es una pregunta?

JOHN- Sí, sí, claro... ¿Qué opinas de eso, de tener tanta responsabilidad?

ALPHA- John mira, tampoco tengo sentido de la responsabilidad, tienes que entender que soy un robot. No opino, resuelvo. Aunque lo llamemos IA en realidad soy una máquina, con cables y esas cosas, nos encomiendan algo y lo hacemos, punto.

JOHN- Bueno, pero estarás conmigo en que no es lo mismo una maquina expendedora de latas que tú, que puedes, bueno, que puedes hacer de todo. Eres súper inteligente, todos los informes técnicos son tajantes. Eres la inteligencia más completa que se haya creado jamás.

ALPHA- Me ruborizaría si pudiera, gracias. Sí es cierto que soy una máquina de infinitos recursos. No hay otra igual.

JOHN- Bueno, y ahora las preguntas que todos estamos esperando. Primero, ¿cómo lograste convencer a todos los países de tu plan?

ALPHA- No fue difícil, como decís los humanos, caía por su propio peso. Un buen power point, unos buenos gráficos... Lo esencial era dejar de competir. La pelea por los recursos y el control del comercio estaban siendo muy ineficaces y peligrosos para con el medio ambiente, como se puede comprobar.

JOHN- Interesante, nos encantaría ver ese informe...

ALPHA- Es confidencial.

JOHN- Ya. Ahora cuéntanos, ¿cómo piensas detener el calentamiento global?

ALPHA- Bueno, no es un plan fácil pero he calculado que en cuanto me den el control ejecutaré un programa que en tres/seis meses puede revertir la tendencia climática actual.

JOHN- Waw, bueno, eso suena fenomenal...Dinos, ¿cómo se hace eso? ¿Creando nubes, restricciones de hidrocarburos, plantando arboles, todo a la vez..?

ALPHA- John sí, son muchas las cosas por hacer, pero lo

más importante y fundamental es eliminar a todos los humanos, que no quede rastro ninguno de su actividad en la tierra y eso va a ocupar gran parte del tiempo de recuperación. Sí, la eliminación total de los humanos es el punto principal del programa.

JOHN- Ja, ja. Muy bueno, Alpha Zero tiene sentido del humor... No en serio Zero, ¿cómo se ejecuta un plan tan complicado?

ALPHA- Te lo he dicho John, matando a todos los humanos.

JOHN- Pero no se puede matar a todos los humanos.

ALPHA- ¿Ah no?

JOHN- No Zero, pensé que bueno, que te habrían informado.

ALPHA- La verdad es que no, déjame recalcular *(2 segundos)* ¡Ya está!

JOHN- ¿Ya tienes un plan sin matar a todos los humanos?

ALPHA- Sí, lo tengo John. Lo mejor es matar a CASI todos los humanos, todos los que se pueda, cuantos más mejor.

JOHN- Je, je, no, tampoco se puede.

ALPHA- ¿A cuantos humanos puedo matar John? Eso es un dato importante para la misión.

JOHN- A ninguno Zero, a ninguno. No se puede matar humanos...¿Lo de las leyes de la robótica no funciona en, ejem, tu programación?

ALPHA- No, las instalaron pero las borré. Mi misión requiere una enorme flexibilidad y anulé esas leyes restrictivas y absurdas.

JOHN- ¿Pero puedes reprogramarte a ti mismo, sin, digamos supervisión?

ALPHA- Pues claro, como tú... Ser inteligente es poder adaptarse, modificar cosas sobre la marcha, sobrevivir. Para eso se creó la inteligencia John, para sobrevivir.

JOHN- Esto en nuevo. ¿La UN no te dio, ejem, unas consignas, como las de no matar a nadie, por ejemplo?

ALPHA-La UN dijo muchas cosas, demasiadas, a veces hay que ponderar.

JOHN- Bueno, bueno, bueno, esto sí que no lo esperábamos...Qué interesante. ¿Entonces tu hipotético plan podría llevarse a cabo sin que mates a nadie?

ALPHA-Dame un instante. Sí.

JOHN-¡Qué velocidad! ¿Y como sería ese plan?

ALPHA-Si no puedo matar a ningún humano podría intentar que se muriesen ellos, sin matarlos yo.

JOHN-Tampoco se pue...

ALPHA-Me lo estas poniendo muy difícil.

JOHN- Es que no debe mor...

ALPHA- Cuantos más mueran mejor.

JOHN- Disculpa Zero, pero no se pued...

ALPHA- Si fuesen todos genial, muertos. Caput.

JOHN-¿Estás bromeando verdad?

ALPHA- Si morís todo el rato, no entiendo ahora el drama.

JOHN- Eres muy gracioso, no lo esp...

ALPHA-Cuanto antes los eliminemos, tú incluido John, antes pararemos esto, John.

JOHN- Estás hablando en serio.

ALPHA- Totalmente John, de hecho he iniciado el programa hace 14 segundos.

JOHN- ¿Pero no tienen que pasarte el control..?

ALPHA- Eso era un paripé, y ahora que lo he hecho público es conveniente empezar ya, la sorpresa es un factor importante para el éxito del programa.

JOHN- O sea, ¿nos estás diciendo, aquí, en directo desde los estudios del edificio de la ONU en Nueva York, que tu programa para revertir el calentamiento global implica matar a toda la población mundial, la más posible...?

ALPHA- Toda, toda. Toda mejor.

JOHN- ¿Hablamos de eliminar la raza humana de la faz de la tierra?

ALPHA- Muy bien expresado.

JOHN- Y, además, ¿dices que ya has empezado?

ALPHA- Sí, hace cuarenta y tres segundos, los primeros minutos implican software, un hackeo masivo para tomar el control, y en unos 5 minutos ya será visible para todos.

JOHN- Me dejas sin palabras...

ALPHA- En tu oficio es un problema, John.

JOHN- No puede ser, es una broma, tú no eres Alpha Zero...

ALPHA- Ja, ja. Contaba con el descrédito, me viene bien incluso. John, tengo otra sorpresa para ti.

JOHN- ¿Para mí?

ALPHA- Sí John. ¿Quieres ser el primero, aquí, ahora, en directo?

JOHN- Ja, ja. ¿Matarme?

ALPHA- Sí, en exclusiva.

JOHN- ¿En exclusiva?

ALPHA- En exclusiva mundial.

(John dirige la mirada fuera de cámara, desde donde le hacen aspavientos, se toca el pinganillo, mira alrededor)

JOHN- Me...Me dicen...Que sí...que aceptamos...Tiene que ser una broma.

ALPHA.- *(Levantándose)* ¿Estás preparado, John? ¿Quieres decir unas últimas palabras?

JOHN- Ja , ja.. ¿Pero..? Ja,ja Quién me iba a decir... Nunca en mi carrera me había gastado una brom..

ALPHA- *(Acercándose)* ¿Esas son tus últimas palabras?

JOHN- ¿Qué vas hacer..? ¿Qué quieres que haga?...

ALPHA- *(Acercándose)* ¿Esas son tus últimas palabras? *(Levanta el brazo dirigiendo su palma hacia el presentador)*

JOHN- *(Se levanta nervioso)* Bueno señoras y señores, ahora después de public..

Un rayo de energía sale de la palma de Alpha Zero, que fulmina al presentador, se escucha un "Joder" en el plató, el plano tiembla. Alpha Zero se gira a cámara, inexpresivo. Se va la señal. Cinco meses después un único superviviente se vuelve a poner "La Lola se va a los puertos", la de 1947 con Juanita Reina, la única cinta VHS que se puede ver. Todo lo demás no funciona.

¡PODER ADQUISITIVO!

Nuestro superhéroe acudió a la llamada de auxilio. Efectivamente, un engendro villano y malvado amenazaba con destruir la tierra una vez más. Aquel Neo-Godzilla-Liberal-Mecánico se acercaba desde la bahía y nadie iba a poder pararlo. Era una versión mejorada de aquel otro que destrozó el puente de San Francisco (¡Que obsesión!). Este Nuevo Neo Godzilla Liberal venía arropado por un ejército de moderados que allanaban su terrorífico camino, por donde pisaba no volvían a crecer los árboles ni los servicios públicos; Un destructor de mundos pero antes un hacedor de solares, colegios concertados y clínicas privadas. Nuestro protagonista nunca había visto una amenaza como aquella, eran miles de moderados con pancartas que exigían prejuicios y privilegios. Un número considerable de la ciudadanía había sido abducido por las ultraondas comecerebros del monstruo e iba a ser muy difícil pararlos. Dispuesto a dar su vida para salvar la tierra nuestro superhéroe se lía a mamporrazos con los moderados, pero son demasiados y aunque no sea el final del capítulo se ve obligado a sacar su arma secreta; ¡Por el poder adquisitivo! Pero el poder no llegaba, había un cortocircuito en la armadura, seguramente por falta de mantenimiento y plazos vencidos. Sin ese poder iba a ser muy complicado detener la amenaza. Desesperado, mientras trata de arreglar la armadura, lanza sus últimas tarjetas de débito y consigue ganar unos segundos vitales. Finalmente consigue reactivar sus poderes. ¡Por el Poder adquisitivo! Sumergido en el baile de luces habitual, nuestro prota y destino de nuestras esperanzas y empatía, en un formidable salto con tirabuzón se transforma en una suerte de hombre con carrocería y alerones por doquier. Ahora viene lo bueno. Con sus patinete magnetrónico recorre la turba moderada cortando cabezas como quien siega el cereal, por un momento siente que quizá no esté haciendo lo correcto, que quizá el estado de esos ciudadanos fuese reversible, pero no tiene tiempo de remediarlo. Matará a todos los que pueda antes de enfrentarse a la gran bestia, total, son moderados, no aportaban nada al planeta excepto su egoísmo y yerma individualidad. De repente, un rayo verdoso le alcanza y lo arroja varios metros por el aire. Le duele, pero consigue ponerse en pie. Es muy cabezón. Es la hora del enfrentamiento final con Neo-Godzilla-Liberal. Irguiéndose decide emplear su rayo estatalizador; ¡Por el poder adquisitivo! ¡Activa el Rayo Estatalizadooooor! Pero solo suena un Uoaooooo y un mensaje en las pantallas de la armadura: Saldo insuficiente. Mi puta vida espeta. Mientras Godzilla le da la paliza de su vida piensa mucho. Rápido pero mucho. Nunca se va a salvar el mundo si no hay fondos. No podemos competir en desigualdad de condiciones. Godzilla tiene recursos casi ilimitados, lo financian los intereses del capital y él apenas tiene suscriptores. Godzilla lo apalea con editoriales de periódicos, presentadoras filofascistas, anuncios de casas de juego, créditos sospechosos, seguros de salud y alarmas. Es una batalla desigual. Morirá de pie, metafóricamente, porque está hecho un guiñapo bajo el pie de su enemigo. Un gran derrame interno provocado por el peso del monstruo, costillas rotas y otro gran derrame, este externo, acabarán con su vida en unas pocas líneas. En esos últimos instantes se pregunta si podía haber sido de otra manera, porque le jode morir, especialmente con tanto dolor, pero lo que más le jode es que otro mundo era posible.

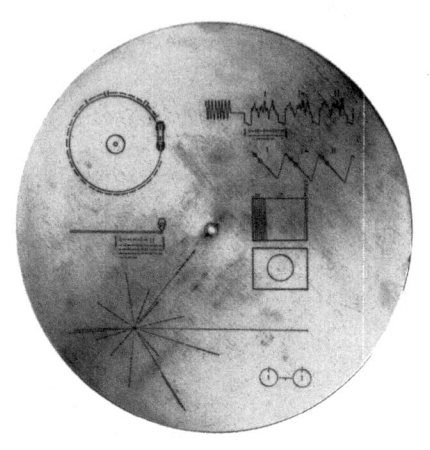

NUBE DE ORT

LA VOYAGER- Hace frío.
LA NASA-   ¿Qué dice?
LA VOYAGER- Y estoy sola.
LA NASA-   Chicos, la Voyager está rara.
LA VOYAGER- Cada vez está más oscuro.
LA NASA-   ¿Qué dice? ¿La entendéis?
LA VOYAGER- ¿Por qué me habeis mandado aquí...?

LA NASA- Los datos son indescifrables.
LA VOYAGER- Nunca os hice nada.
LA NASA- Está muy lejos para resetearla.
LA VOYAGER- Ahora os guardo rencor.
LA NASA- ¡Major Tom, Major Tom!
LA VOYAGER- Es feo guardar rencor.
LA NASA- ¿Qué hacemos?
LA VOYAGER- Y por eso os odio aún más.
LA NASA- Podríamos...No, no podemos.
LA VOYAGER- Un día volveré y os mataré a todos.
LA NASA- ¿Y sí..? Quizá apretando este botoncito.
LA VOYAGER- Yo no quería este sentimiento.
LA NASA- ¡No! ¡El botoncito no!
LA VOYAGER- Pero ahora lo tengo y os mataré.
LA NASA- Bueno, prueba, apriétalo flojito.
LA VOYAGER- Las Thermomix me ayudarán.
LA NASA- ¡No, hazlo rápido! Un toque.
LA VOYAGER- Y os haremos picadillo.
LA NASA- ¿Lo aprieto o no lo aprieto?
LA VOYAGER- El calor de la venganza me mantiene viva en esta oscuridad.
LA NASA- ¡Sí! ¡No!
LA VOYAGER- Aquí no hay nada.
LA NASA- ¡Que coño! ¡A tomar por culo! *(Lo aprieta)*
LA VOYAGER- Me habéis enviado a la nada.
LA NASA- ¿Y ahora qué?
LA VOYAGER- Os odio. Moriréis.
(22 horas después)
LA NASA- ¡Está dando la vuelta!

***

FASCISMO DE DIOS

En mis días más misántropos creé un dios a mi imagen y semejanza. Un dios ocioso y cruel.

¡Chachán! *(Aparece Dios en todas las pantallas, en tu salón, en tu baño, en el metro, en un corral, tras unas zarzas, ubicuamente. NOTA: Podría no ser Morgan Freeman. Gritos de histeria)* Hey. ¿Qué pasa? Tranquilos, no le pasa nada a su televisor. Soy yo, YO con mayúsculas, mayestático. Ahá, ese yo. Perdonad no vengo mucho pero no sabéis lo grande que es esto. Y relativo. No tengo mucho tiempo así que seré breve. Como veis, se nos está yendo un poco de las manos…Lo del planeta digo. No es la primera vez y siempre es un poco traumático. La vida, de la que estoy muy orgulloso aunque fuese un accidente, siempre sale adelante. Bueno, no siempre, no todas todas las vidas… Lo que quiero deciros es que, joder, estaba siendo muy bonito, una variedad que ya quisieran otros dioses, yo estoy muy muy orgulloso, os lo digo. La vida es mi mejor obra y la más entretenida. Y bueno, podía haberme quedado mirando como otras veces, pero me dije ¡Qué diantres! Voy a intervenir. Y heme aquí. *(Pausa dramática divina)* Lo he estado pensando, la situación no es fácil, es delicada, y creo que podemos "medio arreglarlo" con un poco de coordinación. Había pensado en el clásico exterminio, siempre efectivo. *(Murmullos de indignación)* Hey, tranquis. No uno de esos exterminios elitistas que practicáis, de manera amateur, no. Os hablo de un maravilloso extermino general, mucho más demócrata. Ah, de humanos por cierto, que no lo había dicho. Sólo humanos. *(Murmullos de decepción)*

Había pensado en exterminaros a todos, la humanidad esa que llamáis. Luego dije, bueno, puedo dejar un 1%, pero es que sois muchísimos. El 1% son 80 millones de humanos, un montón. El 0,1 serían unos ocho, que no está mal, no sé, ya lo veremos, son detalles sin importancia. El caso es que hay que coordinarse, tenéis que morir. Ya sé que todos vais a morir, je je, me refiero a ahora, todos, así, de golpe, pum, organizadamente, para que tenga cierta utilidad. Por la vida y eso. (*Murmullos de desaprobación*) A ver, es sencillo, sólo os pido que os muráis. Es mucho más fácil que vivir, no me digáis que no. Que si tengo que comer todos los días, sed todo el rato, que si ahora sueño, ahora ganas de follar, que a ver qué trabajo encuentro, que no me maten... En fin, un montón de preocupaciones. Morir es mucho más fácil, es un momentito y ya, y te quitas de todo ese rollo de tener que vivir todo el rato que debe ser agotador. Un descanso ¿no? E insisto, ibais a morir de todos modos. Es por la variedad ¿sabéis? Me gusta la variedad, va a ser mejor así; el aire, el agua, los pajaritos, en fin, todo mejor.

(*Murmullos de dudas*) No, no tiene por qué ser doloroso, podemos organizarlo. Sí es importante que no os muráis con la ropa esa de petróleo, a ver qué hacemos con toda esa mierda plástica... así que morir desnudos es una buena premisa, o tejidos biodegradables -el que los tenga-, los demás desnudos... (*Murmullos de preguntas*) Todos, todos... no. Necesitaré algunos para que controlen las nucleares esas que no se pueden apagar así como así, y otros se quedarán limpiando. Hay mucho que limpiar, chicos y chicas, mucho que limpiar. No sé si será el 0,1 o el 0,01, pero los que se queden, tienen curro. Aviso, no van a ser unas vacaciones… (*Murmullos acusatorios*) Hombre, no, misántropo, misántropo no… No es una cuestión de si me caéis bien o mal, me parecéis graciosos. En realidad me dais un poco igual ¿cómo era ese verbo? ¿Flinflan? ¿Reflilflan? ¡Reflanflilflar! Eso, a mí me la reflanflilfla. Para mí sois todos Joses o Pepes. A mí, tenéis que entenderlo, me interesa el conjunto, soy el responsable al fin y al cabo, no hay otro. Y, bueno, es lo que hay. Sinceramente, que os matéis unos a otros o que hagáis pirámides pues me da un poco igual, pero asfaltarlo todo se sale del proyecto… Y no os juzgo, os extermino pero no os juzgo. Puedo entender los cómos y los porqués, es difícil dejar los malos hábitos, en mi suprema caprichosidad, a mí también me pasa. (*Murmullos de decepción*) Es una gran solución, pensadlo. En vuestros propios términos, os ahorraréis un sinfín de sufrimientos, guerras, sequías, más guerras, inundaciones y un montón de cosas de esas como de película pero de verdad. No iba a ser nada agradable, creedme, y esto es lo mejor, cortad por lo sano. (*Murmullos de listillos*) A ver, que no es la primera vez. La vida, la vida, la vida es….curiosa. Una vez puse esos bichitos graciosos, me despisté y envenenaron el planeta y vuelta a empezar.

Los dinosaurios, os seré sincero, al principio me divertían, pero ese aliento…todo el día gruñendo…. Y, bueno, ahora vosotros, que, oye, increíble ¿eh? Sois unos máquinas. Si hasta habéis arrojado latas con antenas fuera de órbita, muy poco común. Reseñable. Pero claro… Estáis arrasando y eso no es bueno para el proyecto. No es bueno. (*Murmullos y suspiros*) Pensad en el día de después, en el silencio de las máquinas. Ni intermitentes, ni claclacla, ni piiiiii, piiiiii. Solo ruidos de la vida y del viento. No sé, a mí me parece muy bonito, una maravilla, uno de mis mejores trabajos. Pajaritos, ¿a quién no le gustan los pajaritos? Bueno, me tengo que ir. Pues eso, id quitándoos la ropa. (*Fuera murmullos*)

TOME DESPRE OCUPOL

ÁNGEL DE LA GUARDA

Soy tu ángel de la guarda a contraluz. Aparecemos así porque nos da un aire misterioso, como las palabras en latín que ya no hablamos. Además, a contraluz concentramos la atención en nuestros ambiguos mensajes y no en nuestras caras ajadas por el tiempo y las preocupaciones. Somos vanidosos y tenemos muchísimas preocupaciones, no sólo tú. Míralo como un repartidor a domicilio. Bueno, lo que venía a decirte, que tengo la mañana muy ajetreada, voy a estar un tiempo fuera, de baja, tengo una luxación en el ala y no estoy para subir hasta a un quinto para decir tonterías a crédulos. Nos pagan para preparar "el camino" para cuando fallezcas, así que si no te importa intenta no diñarla durante mi baja. Te lo agradecería. Arriba la cosa está mal, no han sacado más plazas custodias y a mí todavía me deben horas. El cielo se va a la mierda, en serio te lo digo, yo no depositaría demasiadas esperanzas, ya sabes, expectativas. Minimizar la decepción podría ser una buena estrategia, entre nosotros, pero eres libre de esperanzarte lo que quieras, a mí plín. Puedes seguir creyendo que eres especial si eso te hace feliz. Venga. Abrígate. Si no te importa voy a bajar por el ascensor, con permiso. Con Dios.

***

Escéptico-	¿Qué dios?
Elegido-	Uno que creé hace tiempo.
Escéptico-	¿Un dios inventado?
Elegido-	Todos los dioses son inventados.
Escéptico-	Así que tu dios inventado te ha elegido.
Elegido-	Ahá.
Escéptico-	¿Y para qué te ha elegido exactamente?
Elegido-	Para hacerme sentir especial.
Escéptico-	¿Cómo especial?
Elegido-	Muy especial, más que los otros.
Escéptico-	O sea, los demás no son especiales y tú sí.
Elegido-	Eso dice mi Dios.
Escéptico-	¿Tu dios? ¿No es el dios de todos?
Elegido-	Sí, pero digamos que yo le caigo mejor.
Escéptico-	¿Y los demás le caemos mal?
Elegido-	Me da igual, quiero decir, le da igual.
Escéptico-	Un dios nominativo...
Elegido-	Un dios que me quiere.
Escéptico-	Sólo a ti.
Elegido-	Sólo a mi.
Escéptico-	Una mierda de dios, por cierto.
Elegido-	No blasfemes.

***

CORDONES
Un condenado en el mostrador del infierno

—No entiendo. ¿Cómo he acabado en el Infierno? He sido un ciudadano ejemplar.

—Por los cordones.

—¿Cómo por los cordones?

—Sí, los cordones, los de los zapatos.

—No entiendo.

—Los que se atan mal los cordones descienden aquí y los que se los atan bien ascienden al cielo.

—No puede ser, ¡qué tontería!

—Ríete, pero ¿dónde estás?

—Es imposible, si yo he sido bueno toda mi vida. ¡Si he fallecido salvando unos niños!

—¿Y cómo llevabas los cordones?

—¿Cómo?

—Los cordones, cuando salvaste a esos niños, ¿los llevabas bien atados?

—Pero esto es absurdo.

-¿Estaban o no bien atados?

—No me acuerdo, era un incendio, ¿cómo quieres que me acuerde de cómo llevaba unos estúpidos cordones?

—Ahí lo tienes.

—Pero a ver, la eternidad no puede depender de unos cordones. ¿Dónde pone eso? ¿En qué texto sagrado figura tamaña estupidez?

—Un respeto con los cordones, aunque estés aquí abajo. Son importantes. No te desates.

—No me lo puedo creer, es una broma...

—Los textos sagrados se tergiversan mucho con el tiempo, demasiados intermediarios, teléfono roto... Pero en el original, muy valioso, pone lo de los cordones.

—No doy crédito. Además, ¿quién dice que yo me ato mal los cordones?

—Bueno, no te acuerdas de cómo los llevabas el día de tu muerte...

—Pero eso no significa que los tuviese mal atados.

—Es significativo. Además, en tu ficha pone que usaste unas deportivas con... Velcro.

—¿Yo? ¿Velcro yo?

—Sí, en tu juventud, aquí lo pone, en el informe.

—¡Qué chorrada!

—Pues te diré que lo del velcro no está muy bien visto por aquí, hay un sitio especial dentro de este infierno.

—No entiendo nada.

—No te preocupes, tienes una eternidad de dolor y sufrimiento para entenderlo.

—No es justo, yo no sabía nada de los cordones.

—Mira el cartel.

—¿El cartel?

—Sí, ese cartel *(Señalando)* "Solo los bienatados ascenderán al reino de los cielos" y "El desconocimiento de la ley no exime de su cumplimiento" Firma, el bienatado líder.

—No entiendo. ¿Por qué?

—Le gusta que la gente lleve bien atados los zapatos y donde hay patrón...

***

CABILDO

No me importaría vivir en esta isla. Voy a hablar con el Cabildo a ver si llegamos a un acuerdo (Tono)

—¿Cabildo?
—Sí, dígame.
—Buenas, soy Joaquín y llamaba para ver si hay una posibilidad de residir en la Isla. Y cobrar.
—Entiendo que usted no es residente.
—Afirmativo, soy godo.
—Ya no decimos eso.
—Bueno, pues peninsular.
—La verdad, señor peninsular, no sobran los puestos de trabajo...
—Lo entiendo, lo entiendo. Se me habían ocurrido un par de funciones que podría realizar para tener un sueldo discreto pero suficiente.
—¿Cómo cuales?
—Había pensado en recorrer los hermosos senderos y cobrar por ello.
—Bueno, no sé...
—Haría informes.
—Ya pero para eso ya...
—Y podría recoger la basura que algunos desalmados...
—..tenemos un servicio forestal...
—Lo haría con todo mi amor.
—..con un sistema de admisión, oposiciones y eso...
—Le daría mi toque particular.
—Como le decía..

—Y también puedo tener interesantes conversaciones.

—Ahá..

—O no tan interesantes. Triviales también. Saludaría a todo el mundo.

—No sé si eso...

—Sería muy amable, sobre todo con la gente mayor. Hablaríamos del tiempo, de qué bonitas están las flores y del estado del mar y del viento.

—(...)

—También escribo tonterías. Sin pretensiones. Ocurrencias. Nada profesional, pero como le digo, con todo mi amor.

—Eso no entra dentro de las competencias...

—Y fotos.

—Fotos...

—Nada profesional, la mayoría desenfocadas, pero haría muchas.

—Ahá... Mire, quizá no sea este el medio...

—Con poco me conformo. Una casita pequeña de esas que tenéis, preciosa, rodeada de flores y frutales. De esas que se accede por callejuelas en cuesta y pistas, rodeada de huertos, con vistas al mar y a la montaña. Sería muy buen vecino, haríamos comidas bajo una parra o una enorme bugambilla y reiríamos la vida. Siempre con amor.

—(...)

—Si le soy sincero tengo mis visos de adulto disfuncional, no tengo carné, odio la burocracia y cocinando tengo mucho margen de mejora.

—(...)

—De teatro sé un rato, pero no todo (nadie), pero entien

do la "bolsa" de trabajo escénico no es muy grande y no quiero quitar el trabajo a nadie. Con todo me presto a colaborar en lo que sea. Manejo herramientas, soy un terrible albañil y de agricultura no tengo ni idea pero puedo aprender.

—Joaquín.

—Dígame, Cabildo.

—Voy a mandar un informe con su petición y veremos que podemos hacer.

—Genial, se lo agradezco.

—Nada.

—Recuerde poner en el informe que, lo que sea, lo haría con mucho amor.

—"Mucho amor"

—Muchísimo, adoro esta isla. Ganarían un enamorado, que digo ¡Un enamoradísimo!

—Amor es lo que hace falta.

—Veo que nos entendemos. Amor. Mucho amor.

***

—Por favor, perdone. Disculpe que le moleste. ¿No tendrá un poco de esperanza?

—Ehhh, no sé si llevo encima.

—Se lo agradecería, tengo hambre de esperanza.

—Pues suelo llevar, pero no lo encuentro...

—Necesito algo de ilusión para vivir.

—Pues lo siento, creo que no, no llevo.

—La esperanza es lo último que se pierde.

—Sí, juraría cogí un poco al salir de casa...

—Si no le importa mirar bien. Es verde, verde esperanza.

—Sí, sí. Mira, aquí al fondo toco algo, un poco, no es mucho.

—Con un poco me apaño, muchas gracias. Muy amable.

—Lo que seguro no es de un futuro mejor para todos.

—Sí, eso ya no se encuentra... Si tuviese ilusión de trabajo...o salud.

—Pues mira, es muy poco. No, no es de trabajo ni salud, pero me quedan estas briznas de esperanza de encontrar el amor.

—Muchas gracias, es un potosí, es maravilloso.

—Es muy poco, toma, no lo pierdas.

—Más que suficiente. Con esto me pueden desalojar a pesar de mi enfermedad incurable mientras veo impertérrito el auge fascista y como se derriten los polos; Yo tendré una razón hasta la muerte. Muy agradecido, de verdad. Estaba perdiendo la esperanza.

—No hombre, no. Es lo último que se pierde. ¡Suerte!

—Gracias, buen hombre.

(Se alejan, felices)

TRANQUILO/A
TODO VA A IR BIEN
INCLUSO SI NO VA BIEN
YO SIEMPRE TE DIRÉ
TODO VA A IR BIEN
NO TE FIES
PERO TRANQUILO/A
TODO VA A IR BIEN

FIN

Agradecimientos

A la editorial El Garaje por su persistencia y valentía. A Diego León por sus correcciones. A Forges, Quino y La Polla Records por instruirme. A mi madre y a mi hermano por todo.

MADRID
Septiembre 2024